谢冬荣

著

文津书话

国家图书馆出版社

图书在版编目（CIP）数据

文津书话 / 谢冬荣著. — 北京 : 国家图书馆出版社,
2021.5

ISBN 978-7-5013-7140-2

Ⅰ.①文… Ⅱ.①谢… Ⅲ.①中国国家图书馆—古籍—
藏品—介绍 Ⅳ.①G256.1

中国版本图书馆 CIP 数据核字（2020）第263012号

书　　名	文津书话	
著　　者	谢冬荣　著	
责任编辑	王燕来　黄鑫	
装帧设计	爱图工作室	

出版发行 国家图书馆出版社（北京市西城区文津街7号　　100034 ）

（原书目文献出版社　北京图书馆出版社）

010-66114536　63802249　nlcpress@nlc.cn（邮购）

网　　址	http://www.nlcpress.com	
经　　销	新华书店	
印　　装	北京中华儿女印刷厂	
版次印次	2021年5月第1版　2021年5月第1次印刷	

开　　本	710×1000　1/16	
印　　张	11.5	
字　　数	52千字	
书　　号	ISBN 978-7-5013-7140-2	
定　　价	68.00元	

目　录

西谛旧藏《酣酣斋酒牌》

    酒牌，又称叶子，源自唐代盛行的叶子戏，主要是宴饮之时所玩的游戏。宋代以后，叶子戏逐渐废弃不传，但是游戏所用工具叶子格仍为人所知。明清时期，作为版画艺术的酒牌或叶子十分盛行，比较著名的有陈洪绶（1598—1652）绘制的《水浒叶子》《博古叶子》以及任熊（1823—1857）绘制的《列仙酒牌》等。

    郑振铎先生喜爱收藏版画，对于酒牌、叶子之类的版画文献多加关注，极力收藏。据《西谛书目》载，先生所藏这方面的文献有明末刊本《水浒叶子》一册、明刊本《酒牌》不分卷69张、明刊本《牙牌酒令》一册、明刊本《酣酣斋酒牌》两部、清咸丰四年（1854）蔡照初刊本《列仙酒牌》一册。

    先生所藏两部《酣酣斋酒牌》都是一册，其中一部旧书号是补六三五，现收藏在国家图书馆善本库，索书号是16752。这部书的书衣上有郑先生题跋："路工于安徽屯溪得明醋醋斋制酒牌一册，予甚羡之。这次他又到那个地方去，又得到这个酒牌一册，乃以归予，殊感之。酒牌之制，为时颇古，明人尤尚之。陈老莲《水浒》《博古》二牌，传遍天下。此册是明万历末所镌，亦出新安黄氏手，较老莲二牌犹早数十年也。一九五七年一月七日，西谛。"

路工是叶枫（1920—1996）的笔名，又名叶德基，浙江慈溪人，曾在《人民铁道》报社、中国民间文艺研究会、中国俗文学学会等机构任职。他在所著《访书见闻录》（上海古籍出版社1985年版）的《序》中提及与郑振铎的密切关系："我于一九五一年开始访书，认识了郭沫若、郑振铎和阿英三位前辈。他们对我访书，都起了指导作用。特别是郑振铎先生，几乎每星期给我指教。我一到他家里，他就捧出一叠叠珍本书，让我看，给我讲，具体指点访书的途径，设想全国访书计划。"1957年，路工与赵万里作为文化部的访书专员，前往安徽、浙江、福建、江西、山东、江苏、上海等地访书。后来路工还因此调到文化部工作。

此部《醋醋斋酒牌》前后无序跋、书签、题名等。全书共计24叶，每半叶上有一幅版画，共计48幅。每幅版画描述一位善饮者的逸闻趣事。画中配有文字，说明故事内容以及饮酒规则。版框上镌钱数，如无量数、万万贯、千万贯、一文钱等。该书第一幅版画描写李白醉酒见唐玄宗的故事，说明文字为："李白每醉为文章，未常少差。玄宗召之，为降辇步迎。时白已醉，乃以水额面入见，醉不能登。上命力士掖之。其受宠眷如此。人号之曰醉圣。"旁边另有数字，言"自饮大杯，合席小杯，说时令诗一句"，当是指饮酒游戏方法；版框外所镌钱数是"无量数"。又如"千万贯"版画，描写杜甫酒后登台怀古人的故事，说明文字是："杜甫酒量、诗才与太白齐名，时号'李杜'。尝从白及高适过汴州，酒酣，登吹台，慷慨怀古，人莫测也。"此幅版画的饮酒游戏路工於安徽屯溪曾得明醉醉斋酒牌一册予甚羡之这次他又到那个地方去又得到这个酒牌一册万以归予殊感之之酒牌之制颇为时颜古明人无尚之陈老莲水浒博古二牌传遍天下以册是明万历末所镌亦古新安黄氏手较老莲二牌犹早数千年也

一月七日西谛

無量數

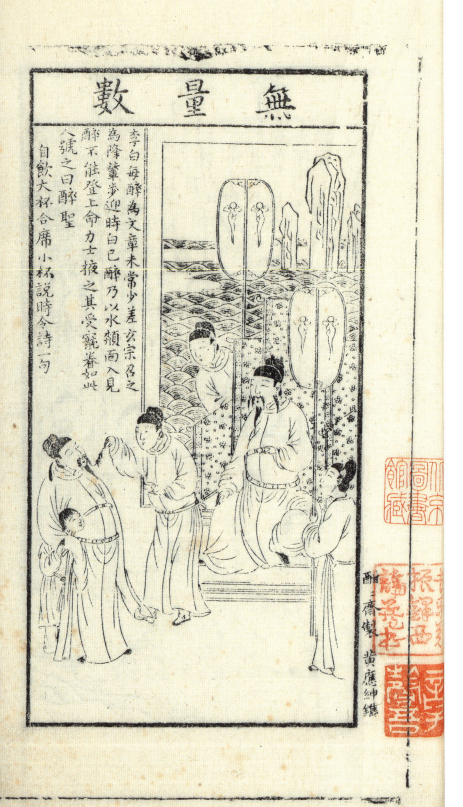

李白每醉為文章未嘗少差玄宗召之
為隆輦步迎時白已醉乃以水頮面而入見
醉不能登上命力士掖之其受寵眷如此
八號之曰醉聖
自飲大杯合席小杯說時令詩一句

方法为"好古者三杯"。《酣酣斋酒牌》各幅版画布局严整，人物绘制精细，惟妙惟肖，与文字相匹配，令人忍俊不禁。

全书大致按照钱数从多到少编排，但是也不是十分严格；每叶版心下有墨笔书写叶码，顺序并不一致。以下是书中的叶码顺序（括号内是一叶所对应两幅版画所镌刻的钱数）：廿三（无量数、万万贯）、十九（千万贯、百万贯）、一（九十万贯、八十万贯）、十八（七十万贯、六十万贯）、卅二（五十万贯、四十万贯）、廿（三十万贯、二十万贯）、十二（京万贯、一十万贯）、卅一（十万贯、五百子）、十七（八万贯、七万贯）、十五（六万贯、五万贯）、十四（四万贯、三万贯）、卅八（二万贯、一万贯）、八（一百子、玉麒麟）、九（二百子、三百子）、四（四百子、九万贯）、卅六（一文钱、二文钱）、四十三（四文钱、三文钱）、廿八（五文钱、六文钱）、四十五（七文钱、八文钱）、四十（九文钱、十文钱）、十一（六百子、七百子）、四十八（九百子、八百子）、廿二（金孔雀、十百子）、廿一（空汤瓶、一枝花）。

该书首叶右下角镌有"酣酣斋制、黄应绅镌"字样。酣酣斋不知为谁的斋名。此部书的题名大概就是据此及内容拟定的。"黄应绅"是刻工，出自明代著名的刻工家族安徽歙县虬川黄氏。据国家图书馆藏清道光十二年（1832）刻本《虬川黄氏重修宗谱》记载，黄应绅系虬村黄氏第二十六世，"字汝仕，生于万历丁丑年（五年，1577）正月十二日，娶王氏，子一鹤"，卒年不详。另据刘尚恒《徽州刻书与藏书》后附《徽州刻工刻书辑目》载，黄应绅还参与了镌刻明万历三十八年（1610）武林容与堂刻本《李卓吾先生批评忠义水浒传》。

此书首叶钤"章馨吾"印，末叶钤"章氏馨吾珍藏"印。章馨吾生平不详。杜云虹在《蓬莱慕湘藏书楼所藏明清小说戏曲概述》（《山东图书馆学刊》2017 年第 4 期）一文中提到慕湘所藏《新刻剑啸阁批评

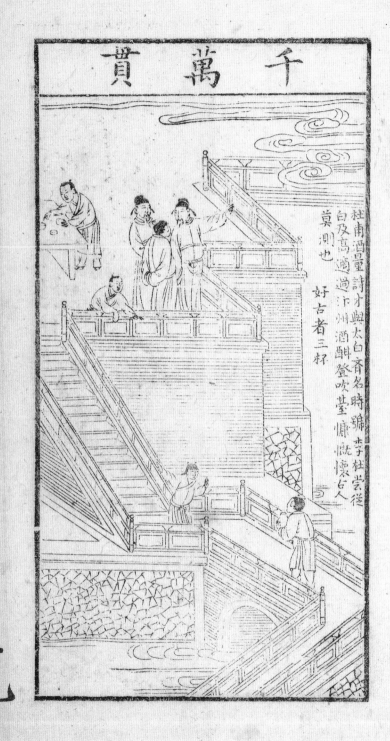

千萬貫

杜甫酒量詩才與太白齊名時號李杜尝後
白及高適過汴州酒酣登吹臺慷慨懷古人
莫測也 好古者三杯

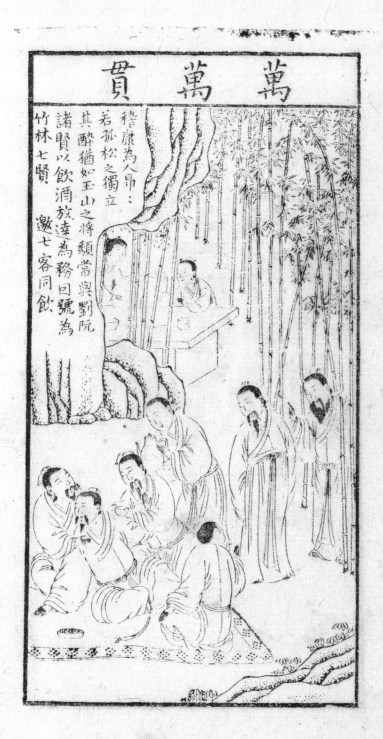

萬萬貫

稽康為人昂々
若孤松之獨立
其醉猶如玉山之將頹常與劉阮
諸賢以飲酒放達為務曰號為
竹林七賢
邀七客同飲

西汉演义传》上钤有"章馨吾""章氏馨吾珍藏""自新之印""允昭氏"等印。文子明在安徽大学硕士论文《抗战时期徽州经济研究》中也提到"1942年屯溪镇商会改选，福记纸烟公司老板章馨吾当选为主席。1944年商会改组为理事监事制，章馨吾为理事长"。王国键《徽州文书发现的来龙去脉》（《中国档案》2005年7月）谈到屯溪古籍书店成立于1956年9月，在屯溪市新华书店工作的余庭光被任命为屯溪古籍书店负责人，"一上任，余庭光就把章馨吾、王多吾、汪洋招入麾下"。根据郑先生题跋言此书系路工得自屯溪，可以推测上述诸文中提到的章馨吾当指同一人。

郑振铎先生曾计划编辑出版《中国古代版画丛刊》，并拟定了目录。此部《酣酣斋酒牌》即收录其中。《中国古代版画丛刊》于1961年由中华书局影印出版。在《酣酣斋酒牌》之后，有一篇出版社的《跋》。这篇跋文首先指出"这一册《酣酣斋酒牌》是一个残本"，然后依据刻工推测此书"刊于万历年间，殆无疑义"，并指出"图中所绘，大都是放旷多才的著名酒徒，如孔融、嵇康、刘伶、阮籍、陶潜、贺知章、郑虔、张旭、石曼卿等，而以李白冠其首"；关于该书的价值，跋文认为"为新安派版画中的精品"，"就艺术成就而言，是值得我们珍视的"，同时也认为该书采用书册的形式，究其原因，"但可能与当时重视它的艺术成就、适应赏玩之用有关，这也是可以注意的"。

除了郑先生的题跋以及《中国古代版画丛刊》后面的《跋》之外，介绍、研究《酣酣斋酒牌》的文章比较少见。2011年9月8日《中国社会科学报》发表了刘锡诚先生的《酣酣斋酒牌》文章。刘先生在文章中依据《中国古代版画丛刊》本，对《酣酣斋酒牌》予以简单介绍，并且指出："酣酣斋酒牌多少枚为一副，不得而知，西谛所藏者为册页，究竟多少张（枚）为一副，还有待专家研究，很可能是一残卷。此酣酣斋酒牌之制，虽然

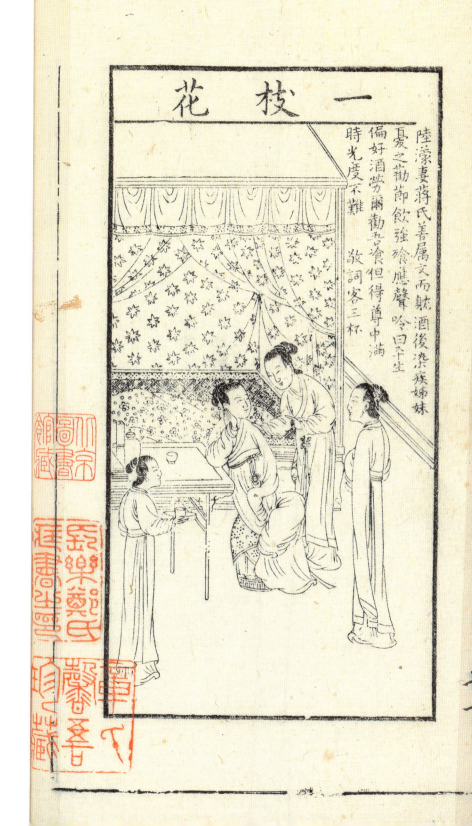

一枝花

陸濛妻蔣氏善屬文而耽
酒後染疾姊妹
憂之勸節飲強飲應聲
吟曰不生
偏好酒勞爾勸五呑但得尊中滿
時光度不難　敬詞客三杯

为掌中之作，且流行于士大夫阶层中间，但它作为市井经济萌芽与传统文化结合的产物，其艺术上的成就，颇值得我辈所珍视。"

郑振铎先生收藏的另一部《醉醉斋酒牌》旧号是九三二三，现收藏在国家图书馆普通古籍书库中，索书号是 XD1517。此部《醉醉斋酒牌》的内容与题跋本相同，前后也没有序跋，共 24 叶，版心也有墨笔书写叶码，版画的顺序也是大体按照钱数编排。不过，两部书的叶码完全不同，第十二叶（二万贯、一万贯）与第二十四叶（空汤瓶、一枝花）之间的版画编排顺序不同。郑先生何时通过何种方式入藏这部酒牌，尚待考证。不过依据上述先生的题跋，当在 1957 年 1 月之后。为什么他已有一部，还要再收藏一部呢？这与先生的藏书思想有关。郑先生认为复本残帙"殆无不有可资考证之处也"（《西谛书跋》第 33 页）。对于重要文献的复本，即使是残本，先生也十分重视收藏。据《西谛书目》，明崇祯刊彩色套印本《十竹斋画谱》先生藏有四部，其中既有全本，也有残本。《醉醉斋酒牌》是明代版画的精品之作，郑先生自然想尽办法入藏，再多一部复本也无妨。更何况两部虽为复本，但是存在不同之处，这也许就是"可资考证之处"。

《中国古籍善本书目》《中国古籍总目》都著录了明刊本《醉醉斋酒牌》，收藏单位仅有国家图书馆和安徽博物院两家。著录国家图书馆的就是西谛题跋本。而安徽博物院藏本近几年方才为人所知。该部书入选第三批《国家珍贵古籍名录》，名录号是 08458。2012 年国家图书馆出版社出版的《第三批国家珍贵古籍名录图录》收录了该书的书影。高奥在《安徽博物院藏明万历醉醉斋刻本〈酒仙谱〉》（《文物鉴定与鉴赏》2013 年第 7 期）对此书有详细的介绍。另，魏珺的《精刻细印 方成珍籍——馆藏珍贵古籍介绍》（《文物天地》2017 年 4 月）对此书也有所涉及。

根据上面二文的介绍，我们可以总结安徽博物院藏本的珍贵之处在于：该书保留有书名页，正中题"酒仙牌"，题名右侧小字题"歙西唐模许氏酣酣斋发行"，左侧小字题"黄应绅镌"，书签镌刻"酒癖"二字，旁边刻有"高阳酒徒茂先父"的识语数行，由此解决了此前书名代拟以及酣酣斋不知归属的问题；该书版画的编排顺序是首幅为"一文钱"，最后一幅是"万万贯"，与西谛藏本不同。

虽然尚不知晓安徽博物院藏本的叶码数，但是根据其版画顺序，我们认为或许也是 24 叶。如果这个推测能够成立的话，那么郑先生所藏两部《酣酣斋酒牌》在版画内容上就不是残本，而是全本。

鸣晦庐旧藏《状元酒筹》

谈及酒牌、叶子之类的版画书，大家耳熟能详的就是明陈洪绶的《博古叶子》《水浒叶子》以及清任熊的《列仙酒牌》。其实晚明时期曾刊刻了不少此类书籍。笔者曾考证过西谛旧藏《酣酣斋酒牌》，本文介绍鸣晦庐旧藏《状元酒筹》。

酒筹是古人喝酒时的游戏用具，制作材料有象牙、木、竹、骨等。据《中国国家博物馆馆藏文物研究丛书·杂项卷》记载，国家博物馆藏有一套象牙《西厢记》酒筹实物，酒筹的一面是《西厢记》的唱词，一面是与唱词相关的饮酒方式。这是留存的酒筹实物。《状元酒筹》与《西厢记》酒筹类似，可做喝酒游戏之用，不过它更为人关注的是上面的版画。

《状元酒筹》封面书签上有墨笔题书名及"明万历本""计三十二叶""鸣晦"等字；内封又有一签，墨笔题书名及"明（公元一五七三至一六四三年）刻本"。全书以版画为主，共计32幅。每幅版画反映

状元酒籌

明萬曆本計三十二

葉鳴臨

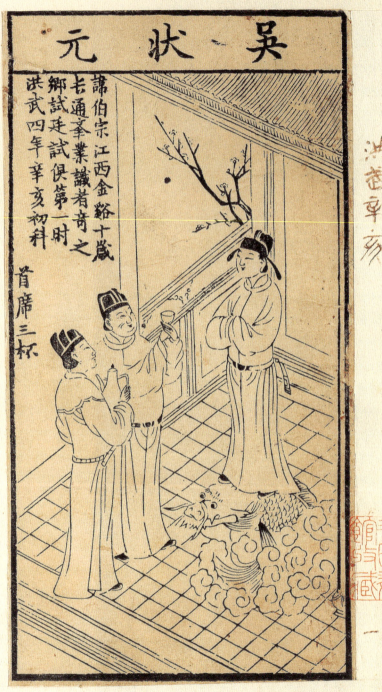

吳狀元

諱伯宗江西金谿十歲
善通牟業識者竒之
鄉試廷試俱第一時
洪武四年辛亥初科
首席三杯

洪武辛亥

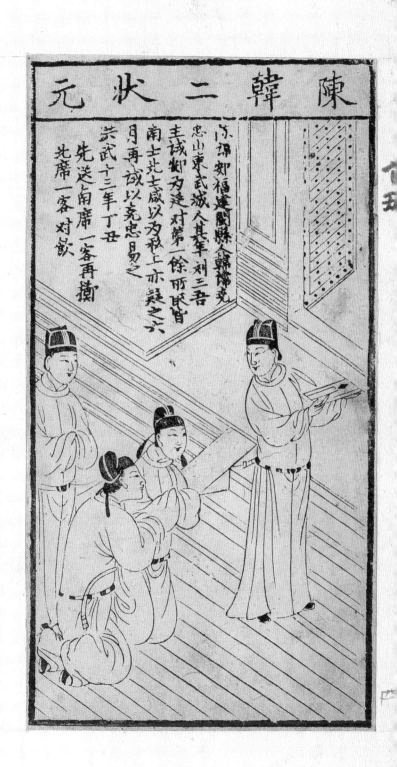

陳韓二狀元

京都如福建閩縣人韓榑克
忠山東武城人其年劉三吾
主試卿為進对第一徐所民首
南士先士先歲以為殿上亦疑之六
月再試以克忠易之

英武十三年丁丑
先送南席一客再撒
先席一客对飲

一位状元，版画空白处镌刻有状元小传以及酒令，如洪武四年（1371）辛亥科"吴状元"，小传为"讳伯宗，江西金溪，十岁长通举业，识者奇之，乡试、廷试俱第一，时洪武四年辛亥初科"，酒令为"首席三杯"；酒令的内容往往与状元的传记特点有关，前此"首席三杯"与吴伯宗为有明首科状元有关。又如洪武二十四年（1391）丁状元，小传称其"以忠义自许""后丧建文之难，妻女亦赴水死"，酒令为"素负义气者联饮二觞"。

全书收录 32 科状元，各科具体时间为：洪武四、十三、十八、二十四、三十二年，永乐十九、二十二年，宣德二、五年，正统元、四年，景泰二、五年，天顺四、七年，弘治三年，正德六、十二、十五年，嘉靖二、十一、四十一、四十四年，隆庆五年，万历二、十一、二十、二十三、二十五、二十九、三十二、三十五年。从内容来看，此部书当有残缺。国家图书馆另藏有一部相同版本的《状元酒筹》，起洪武八年、迄万历三十八年（1610），共计 76 幅版画。这部《状元酒筹》比鸣晦庐藏本版画数量多一倍有余，只可惜叶面多有残缺，刻版漫漶、模糊。从两部《状元酒筹》收录状元下限分别是万历三十五、三十八年判断，该书的刻板年应当就在万历末年。而版画的风格也与同时期徽派版画类似，应当也出于徽州刻工之手，可惜书中未言明刻工。

据"鸣晦"可知此部书的收藏者是王孝慈。王孝慈（1883—1936），原名立承，河北通县（今属北京通州区）人，广西法政学堂毕业，曾任度支部主事、大总统府秘书、政事堂机要局佥事、国务院秘书厅佥事等职。励双杰《鸣晦庐主人王立承家世考》（《图书馆研究与工作》2013 年第 1 期）一文对其生平、家世多有考证。王孝慈是民国时期著名的版画藏书家，与郑振铎先生多有来往。郑振铎曾在《劫中得书记》中说他"家藏版画最多，精品尤夥。年来颇有散失，然精品尚多存者。他爱之如性命；其好之之专，嗜之之笃，我辈实所不及"。王孝慈还是一位戏迷，尤其喜欢谭鑫培的戏，著有《闻歌述忆》，记载自己观剧的经历，为研究清末民国时期梨园的重要史料。

国家图书馆藏有一部王孝慈稿本《鸣晦庐藏书目》二册，详细列举其所藏版画、戏曲书，几乎所有我们耳熟能详的版画佳构都有收藏，数量之多令人叹为观止。上册"明刻图画书籍藏目"中有一部"明状元叶子格"，小字注"明万历本"；下册"明板略目"中有"明状元图叶子格"，小字注"万历刊本"，两者应该指同一部书，都是上述的《状元酒筹》。根据采访档案记载，1936年，当时的北平图书馆从王孝慈之子王达文处购入鸣晦庐旧藏46部版画、戏曲之书，这部明刻《状元酒筹》为其中之一。

明万历九年刻本《古今廉鉴》

国家图书馆所藏郑振铎先生旧藏古籍中，有一部明万历九年（1581）两淮都转运监使司刻本《古今廉鉴》（善本书号15922）。这部书辑录春秋到明代"以清节传于世"的人物事迹，在强力反腐肃贪、弘扬廉政文化的当前，不无参考价值与借鉴意义。

《古今廉鉴》收录的人物，始于春秋时期鲁国季文子，终于明代杨继盛（1516—1555），上至达官显贵，下至处士或小吏，几乎囊括了从上古到作者生活时代之前近二千年间见诸史册的清廉之士。"四知太守"杨震、"一钱太守"刘宠等历代传颂的廉吏，一一载录无遗。不收与作者同时代的人物，如嘉靖万历年间最负盛名的清官海瑞（1514—1587），书中没有提及。

摘录事迹的来源，大多是历代史籍，茫昧难考的古事摈除不录。书前凡例说："学者称引唐虞三代，诵法孔门，乃贤圣之廉，六经具载矣，

古今廉鑑敘

閩封人喬子懋敬徽靈

上阿燕及支集無塵黎烝桉堵得以擾縣

備職可幸無罪第行間無齋書足讀記

古今高廉一二輖列清防玩而誦之用

資自鏡而已比衆之載籍益之方聞之

士爰自六經而下諸子史暨

明興訓詁文獻蒐輯廣昔者半釐爲八卷

兹不敢赘。至如许由、务光之伦，自司马迁、扬雄已以为疑，兹亦阙之。肆六经而下，断自春秋季文子，始据《左传》《史记》，广以子书，择足征者录之。秦汉以还，据二十史、《宋史新编》，间参诸家纪载可传信者，缀其一二。"编者强调文献"足征""纪载可传信"，这是历史著作的题中应有之义。凡例又说："乃国朝则取典故、名臣、词林、吾学、宪章、通纪、鸿猷等录及郡国文献志，采掇荟蕞。"可知明代部分取资于朱当㴑《国朝典故》、徐咸《皇明名臣言行录》、沈应魁《皇明名臣言行录新编》、廖道南《殿阁词林记》、郑晓《吾学编》、薛应旂《宪章录》、陈建《皇明通纪》、高岱《皇明鸿猷录》等，所见尚称广博。

这部书的主题非常鲜明。选择事例的主旨，是一个"廉"字，即主要选择廉洁事例加以表彰，而对人物的其他事迹不做详细叙述。如千古名相诸葛亮条：

> 诸葛亮当汉末，自言"臣本布衣，躬耕南阳，苟全性命于乱世，不求闻达于诸侯"。后来虽应先主之聘，宰割山河，三分天下，身都将相，亦何求不得，却与后主言："成都有桑八百株，薄田十五顷，子弟衣食自有余饶。臣死之日，不使内有余帛，外有赢财，以负陛下。"及卒，如其所言。君子谓武侯洪伐茂勋，出处光明，比迹伊吕，乃澹泊宁静之学，所蓄积深矣。

对诸葛亮的政治军事方面的作为，一概从略。又如嘉靖朝直谏诸臣之首杨继盛，详细叙述他与其兄的财务纠葛，其后以会试盘费30两悉数交与其兄输边捐纳散官，而对他上疏力劾严嵩五奸十大罪下狱遇害事，只最后以"继盛后劾分宜相论死，天下哀之"一句略为提及。再如明代杰出的地图学家罗洪先，此书摘取其辞友人聂豹推荐任官的书信，谓"生幸有薄田百余亩，岁入可给馆粥，弱子多疾，福量清浅，正不欲以厚藏美业累之，虽近日移栖多所称贷，二僮贩易，久亦可了，吾何求哉"云云，而无一字谈及其学问术业。诸如此类，均可见其主旨明确、取舍有则，并不是泛泛抄撮之作。

此书的编者乔懋敬，字允德，号纯所，上海人。出身于官宦世家，祖父乔樇做过湖北安陆州判，父亲乔训做过福建宁德县丞，职位都不高。乔懋敬在嘉靖四十四年（1565）中进士，历官刑部主事、刑部员外郎、福建按察司金事、按察副使、江西参政、湖广按察使、广西右布政使，卓有政声。同治《上海县志》卷十九记载，他"居官廉俭，虽历藩臬，仍布蔬。常曰：士大夫不可一日无穷措大气"。乔懋敬身居高位，而生活简朴，与他在这部书中表达的观点完全一致，可以说达到了知行合一的境界。

乔懋敬任官福建时开始编纂此书。隆庆、万历初年，乔懋敬先后任福建按察司金事、按察副使。按察司是明代设立的司法机关，掌管一省刑名按劾之事，兼具司法和监察职能。乔懋敬编纂《古今廉鉴》一书，也可视为职责所在。他在序中说："第行间无赏书足读，记古今高廉一二，辄列清防，玩而诵之，用资自镜而已。"后来又搜集增广，编为八卷。他在序文里解释了书名的命名缘由："天以日为鉴，象明；地以水为鉴，形清；人以廉为鉴，行洁。命曰廉鉴。"立意可谓高远。在明朝后期吏治败坏、贪腐盛行的背景下，更有借古喻今、讽时劝世的深意。

这一类的作品，古人屡有纂辑。如宋人费枢撰有《廉吏传》，所收人物自春秋至唐。成书于宋徽宗时期，背景与乔懋敬辑书颇为相似。它们的立意、内容都比较相近，是后世众多同类读物的先声。从明清到近年，费枢的《廉吏传》屡有重印、增补、注释、选译，而乔懋敬的《古今廉鉴》却似乎并不受重视。

万历六年（1578），《古今廉鉴》初刻于福建。九年，两淮都转运

春秋戰國

季文子友相魯妾不衣帛馬不食粟仲孫他諫

曰子為魯上卿相三公矣妾不衣帛馬不食

粟人其以子為愛且不華國乎文子曰然乎

吾觀國人其父兄之食麁而衣惡者猶多矣

吾是以不敢人之父兄食麁衣惡而我美妾

與馬無乃非相人者乎且吾聞以德榮為國

華不聞以妾與馬文子以告孟獻子獻子囚

大司馬撫臺凌公誠有味乎其言廼出此

本發司重梓使吏于土者以此為鑑則

素絲之風興而可以媲美乎先慈矣然

則是書之鋟傳也其有裨于吏治豈淺

鮮哉

萬曆辛巳秋七月吉旦兩淮都轉運鹽

使司運使陳楠謹跋

盐使司加以重刻。两淮都转运盐使司是官署名，设置于明初，负责两淮之地的盐政，下辖泰州、淮安、通州三分司，长官都转运使居于扬州。据书末万历九年两淮都转运盐使司运使陈楠"重刻古今廉鉴跋"称："大司马抚台凌公诚有味乎其言，廼出此本发司重梓，使吏于土者以此为鉴。"凌公指凌云翼，《明史》载当时凌云翼"以兵部尚书兼右副都御史总督漕运，巡抚淮、扬"。

清乾隆时编纂《四库全书》收录此书，列于存目之中。《四库全书总目提要》评价此书说"亦宋人《廉吏传》之类，而钞撮大略，挂漏尚多"。不过，《古今廉鉴》八卷中，卷六至八专记明朝廉政人物，详今略古，从这一点来看还是值得肯定的。

现存《古今廉鉴》有万历六年初刻本和九年重刻本两个版本。据《中国古籍善本书目》记载，前者有五家单位收藏，后者有六家单位有藏，存世并不多。郑振铎先生旧藏的这一部，卷端钤有"滋阳文昌阁义书"的印章。滋阳，明清两朝为山东兖州府附郭县，也就是现在的济宁市兖州区。文昌阁是崇祀文昌帝君的所在，出入其中的多是当地读书人，作为"义书"之一的这部《古今廉鉴》，也许曾引导一些士子立下廉洁为官的志向。

郑振铎先生对此书评价较高，他在 1957 年 1 月 25 日的日记中说："连日阅万历本《古今廉鉴》，颇有所感。有好些动人的故事，应该加以重述，为今日的借鉴也。"

说明：

此文系笔者与同事刘波合著，本为纪念郑振铎先生诞辰一百二十周年而作，2019 年曾刊于《国家图书馆通讯》上。刘波承担主要撰稿工作，笔者为提议者，并略作增补。在收录本书时，笔者又对该文作了增补、删改。感谢刘波同意本书收录此文。

明万历三十一年增刻本《男训》

我国古代非常重视伦理教化，这方面的书籍不胜枚举，针对小孩子的有《弟子规》等，针对妇女的有《列女传》《闺范》等，而各种家训、族规更是多如牛毛。笔者无意中在馆藏书目上见到《男训》一书，眼前不禁一亮：这一类专门针对男子的教化之书似不多见。

《男训》二十一卷，明沈鲤、冯琦撰，明徐昌祚增补，明万历三十一年（1603）徐昌祚增刻本，四册，善本书号是09963。书前有晋江庄履丰、万历十七年蒲中陈经邦、万历二十年宁陵吕坤、万历三十一年常熟徐昌祚等人序。

沈鲤（1531—1615），字仲化，河南归德（今商丘）人，嘉靖四十四年（1565）进士，改庶吉士，授检讨，后曾官侍讲学士、礼部右侍郎、礼部尚书、东阁大学士等职，先后加太子少保、太子太保，年八十五卒，卒后赠太师，谥文端；冯琦（1559—1603），字用韫，号琢庵，山东临朐人，万历五年进士，改庶吉士，授编修，曾任少詹事，礼部、吏部侍郎，礼部尚书等职，卒于官，赠太子少保，天启初谥文敏。沈鲤、冯琦二人，《明史》有传，都曾任礼部侍郎、尚书，由此也就不难理解两人合编《男训》一书。

庄履丰序详细叙述了此书编纂的背景："晚近世先王之教荡然矣。司世教者又好为浮谈侈说，袖手而摘文章，抗颜而诩著述，至庸行本根，率以无甚高论置之，教衰道微，伦斁俗靡，即号为男子，往往窥觎佻僈，嬚阿泰侈，无复先进长者之风，何况笄袆者流，终惭其儿女子。于是名臣硕彦如刘子政、柳公绰、范希文、司马君实、胡安定诸君子，起而维之作，为家训、家戒与夫女则诸书，且以型家，且以风世。然未有以男女二训胪列而俪行者。有之，自宫保宗伯大梁沈先生始。"庄履丰在序中指出晚明空疏的学风对伦理教化的恶劣影响，沈鲤编纂此书力图予以纠正。

吕坤序谈及沈鲤、冯琦合编此书的情况："宫保龙江先生闲家，有道步趋圣贤，念当训之人尽于男女，而垂询之事尽于古人，乃语冯宫坊琢庵，检括经史，得男女之可为训者五百有奇，分类四十有一，男训首君亲师，明有尊也。女训首舅姑夫子，明有重也。"吕坤《去伪斋文集》收录有"男女训序"一文，该序文与刻本中的吕坤序完全不同。

徐昌祚序对该书的刊刻增补情况叙述详细："吾师相国沈先生始任宗伯时，尝与宫保冯先生荟撮群书，为男女二训，业已梓行海内。……近以旧板圜弊，将复付梓，命不肖昌刊定鲁鱼，兼益所未备。……于是搜所前闻，因故目益十之一二，复请政于先生。先生曰可，遂授之剞劂。凡为男训卷二十有一，自孝亲忠君以及格言附，皆修齐治平之要也。为女训卷二十有一，自孝行敬戒以及格言附，皆修齐治平之助也。"徐昌祚，生平不详，《四库全书总目提要》说"昌祚字伯言，常熟人"，康熙《常熟县志》卷十二："徐昌祚号昆竹，以祖杕荫，历官刑部郎中，致仕。

男訓女訓序

易曰男正位乎外女正位乎内男女正天
地之大義也是以聖王重之明章男教而
以正天下之為男者明章婦順而以正天
下之為女者士君子出有師保入有贅御
朝夕訓諭而納之規至於閨閤之秀亦立
姆訓時教以婉娩聽從防其佚志故當其
時内外男女咸帥時咸若于訓其見於詩

知县杨涟收理，毙之于狱。"又据该书卷十"官师表"载，杨涟在万历三十六至四十年任常熟知县，所以徐昌祚应卒于此期间。

《男训》共分为二十一卷，一卷一类目，共二十一个类目，每个类目下若干则事迹，具体如下：卷一孝亲（47）、卷二事君（24）、卷三尊师（14）、卷四友悌（30）、卷五取友（11）、卷六治家（30）、卷七居官（45）、卷八居乡（15）、卷九好学（28）、卷十谨言（16）、卷十一慎行（19）、卷十二循礼（9）、卷十三行义（37）、卷十四器量（15）、卷十五容忍（17）、卷十六长厚（25）、卷十七信实（10）、卷十八聪敏（17）、卷十九谦抑（10）、卷二十俭素（17）、卷二十一廉洁（29）。共计465则。

每则事迹的字数多寡不一，多则百余字，少则数十字。最少的当属卷十的"不语禁"条，仅有"元万顷，性谨重，未尝语禁中事，人及其醉问之，亦熟视不答"等23字。遗憾的是，每则事例下面没有注明出处，这大概是明人编书的通病。

《中国古籍善本书目》子部杂家类著录此书，仅国家图书馆和上海图书馆有藏。上海图书馆藏本另有《女训》二十卷《约言》一卷。国家图书馆藏本虽然仅存《男训》，因非寻常之物，颇为珍贵。

在《男训》刊刻的前一年，即万历三十年，徐昌祚还编纂刊刻了《新刻徐比部燕山丛录》二十二卷。此书按类分卷，一类一卷，性质与《男训》类似，《四库全书总目提要》收录，列子部存目中，认为："是书盖其官刑部时所作。多载京畿之事，故以燕山为名。凡二十二类，大抵多涉语怪，末附以《长安里语》，尤为鄙俚。又多失其本字本音，不足以资考证。书成于万历壬寅，有昌祚自序，谓因辑《太常寺志》得征州县志书，因采其所记成此书。则亦剽掇之学也。"该书所附《长安里语》，有助于我们了解当时北京的方言，不失为语言学方面的研究资料。

现存深圳最早方志
康熙《新安县志》

2018年10月13日，"文脉深圳 数典问祖"展览在深圳市宝安区图书馆开幕。前一天，我受馆里安排，和另外几位同事，负责护送两种古籍前往参展，一种是康熙刻本《新安县志》，另一种是天禄琳琅旧藏、明刻本《唐文粹》。康熙《新安县志》对于国家图书馆来说并不稀罕，但是对于深圳来说却是异常珍贵，因为这是现存深圳最早的方志。

在一般人的印象中，深圳的历史似乎很短。可是我们如果翻看1997年编纂的《宝安县志》，就会大大改变我们的想法。早在数千年前的新石器时代，这里就已经有人类活动了。而它设县的历史也比较早。深圳最早的前身为宝安。东晋咸和六年（331）设置宝安县，属东官郡，县治在南头。这是深圳设县之始。唐至德二年（757），宝安县改名东莞县，县治迁至莞城。此后深圳长期属东莞。明万历元年（1573），析东莞县

重修新安縣志序

夏書禹貢周禮職方漢
地里志九有之大間嘗
於斗室半榻前按籍而
考儼然在指顧間今
皇帝聲教四訖光天之下莫

置新安县，此为深圳的又一前身。康熙六至八年（1667—1669），新安县一度归并东莞县。民国三年（1914），因与河南新安县重名，恢复旧名宝安县。1979 年撤销宝安县，设立深圳市。

方志是地方百科全书。我国拥有悠久的修志传统，各级地方行政长官非常重视志书的编纂。深圳最早的志书产生于明万历十五年，由时任知县邱体乾主修。之后明崇祯八年（1635）、十六年、清康熙十一年都有续修，只是上述志书现已不存。康熙二十七年知县靳文谟主持纂修的《新安县志》是现存最早的深圳志书。靳文谟，直隶开州（今属河南濮阳）人，号淇园，康熙十二年进士，二十六年任宝安知县。

康熙十一年，为纂修一统志，清政府下诏，要求各省以顺治十八年（1661）贾汉复纂修的《河南通志》为范式，加紧编纂通志。在这之后，各地掀起了一股纂修方志的热潮。只是由于三藩之乱，南方部分省份受到影响。二十四年，礼部再次要求各地设局纂修通志，限期完成。靳文谟纂修县志就是在此背景下进行的。他在序中说"蒙各宪急符催修历有年"，凡例中又说"是集奉文细加搜采"，都是说明他是奉命而为。由于时限要求，此次纂修前后仅用时一个月即告竣。虽然大体内容都有所涉及，但是其间疏漏可想而知。难怪嘉庆时王崇熙重修县志时，评论靳志说："故其书多缺而不备，而词句既欠剪裁，体例亦未完善，既如县治沿革，莫辨源流四至八到，悉皆舛错。"

康熙《新安县志》共四册，分为十三卷，具体包括：卷一舆图志、卷二天文志、卷三地理志、卷四职官志、卷五宫室志、卷六田赋志、卷七典礼志、卷八兵刑志、卷九选举志、卷十人物志、卷十一防省志、卷十二艺文志、卷十三杂志。书前有康熙二十七年靳文谟序以及修志凡例四则。卷四记载历任知县，靳文谟之后列有丁棠发，康熙三十三年就任，说明此部方志是在康熙三十三年之后重修刊印的。

翻阅志书，其中有一些内容还是挺有意思的。卷二中有关于飓风的记载：

> 六七八月有飓风。其作也，断虹先兆，云凝不行，雷隐不动，海汽沸腾，矶石响水，禽遁狂飙，乍起乍卷，常有过夜北风；其成也，毁屋、拔木沉舟；其息也，必转东荡西而回南，然后停止。其暴者不久，或数时，或一日夜；其柔者愈久，或二三月而后息。

卷三有关于风俗的记载，"山人不通官话，官府召讯，必令衙役答话""婚姻必以槟榔""宾客往来多以白酒为礼""（正月）二十日各家以纸宝向外化之为送穷"，等等。

该卷中记载了深圳的八景：杯渡仙踪、赤湾胜概、梧岭天池、参山乔木、卢山桃李、龙穴楼台、鳌洋甘瀑、玉勒温泉。卷九记载深圳早在宋代即有黄石、曾宋畛两位进士，明代有郑士忠、翟镐、陈果、陈向廷，清代有陈隽蕙、文超灵、邓文蔚。看来此地虽处海滨，但是文教之业并不落后。卷十二中收录了明万历以来历次纂修县志的序文，有助于我们了解深圳方志的纂修情况。

康熙《新安县志》的首叶钤有"京师图书馆印章"朱文长印。京师图书馆是国家图书馆的前身，创办于宣统元年（1909），藏书来源包括内阁、翰林院、国子监南学等处藏书，首任馆长（当时称监督）是著名学者缪荃孙。宣统二年十月，缪荃孙到任伊始，即着手编纂馆藏善本书目和方志书目。民国初年，缪荃孙在《古学汇刊》先后发表了其编纂的《清学部图书馆善本书目》《清学部图书馆方志目》。在《清学部图书馆方志目》中即著录了这部康熙《新安县志》。由此可以判断，它是随着内

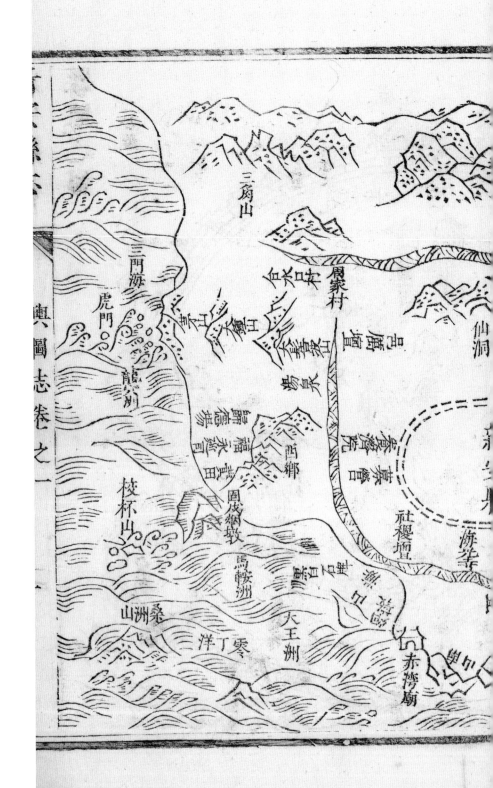

阁大库的书来到京师图书馆的。那么内阁大库的书又是怎么来的呢？前面我们说过，康熙时为修一统志，要求各地纂修通志。各地在修好省府厅州县志之后，应该至少送一部到中央，以备参考。因此可以推断，国家图书馆现藏的这部志书，应该是康熙二十七年新安知县靳文谟修好，于康熙三十三年由时任知县丁棠发重修刊印，进呈省里，再送呈中央，收藏在内阁大库中。宣统初年成立京师图书馆之时，由内阁大库拨交京师图书馆。现在国家图书馆的善本方志馆藏中，有大量康熙时纂修的志书，其经历与康熙《新安县志》应该是一样的。

康熙《新安县志》存世十分稀少。据《中国地方志联合目录》记载，原件仅国家图书馆、第一历史档案馆和上海图书馆有藏，而国家图书馆藏本是唯一的一部全本，其他的都是残本，因而越发显得珍贵。

清乾隆稿本《御制月令七十二候诗画册》

国家图书馆所藏郑振铎先生西谛专藏中有一部清代乾隆时期质亲王永瑢的初稿本《御制月令七十二候诗画册》，十分珍贵，现予以简要介绍。

《御制月令七十二候诗画册》，索书号 XD6038，一册，经折装。七十二候，一候一幅图，旁有黄签墨笔注明各候的名字，起"东风解冻"，止"水择腹坚"，图画为水墨画，根据候的意境而绘，钤有"长乐郑振铎西谛藏书""长乐郑氏藏书之印"，书末有楷书题识：

> 乾隆己亥，御制月令七十二候诗亲书勒石，摹拓颁赐，谨受而读之，仰见对育行生、纲维大化，实为古今不可无、不能有之巨制。吟诵悦服，怀不能已。敬绎诗意，按次写图，于庚子冬呈进御览，而初稿久尘几案阅二年矣。偶一检视，不欲弃置，因复装池成册。窃思古人穷理观象，图书并重，而草木虫鱼庶

御製月令七十二候詩

親書勒石摹搨

頒賜謹受而讀之仰見

對育行生綱維大化實為古今不可無不能有之

鉅製吟誦悅服懷不能已敬繹

詩意按次寫圖於庚子冬呈進

御覽而初菜久塵几案閱二年矣偶一撿視不欲棄置因

復襄池成冊竊思古人窮理觀象圖書並重而草木

蟲魚庶彙賾陳故於六義之用尤亟如世所傳馬和

之風雅八圖繪事之妙可與言詩矣今

聖藻宏深蠹管所得誠未能摹繪萬一而佔畢之餘體物

研思或亦惜陰者之所不廢乎乃於是冊謹識其緣

起如此

乾隆四十七年歲次壬寅仲冬中澣皇六子識

汇迹陈，故于六义之用尤亟，如世所传马和之风雅八图。绘事之妙可与言诗矣。今圣藻宏深，蠹管所得诚未能摹绘万一，而占跸之余体物研思，或亦惜阴者所不废乎？乃于是册谨识其缘起如此。乾隆四十七年岁次壬寅仲冬中澣皇六子识。

钤"皇六子印""文唯其是"印。

七十二候是我国最早的结合天文、气象、物候知识指导农事活动的历法。每一候对应一个物候现象，五天一候，全年共七十二候。七十二候又与二十四节气结合，每个节气包含三个物候。通过物候现象的不同，反映季节天气的变化。较早记载七十二候的古籍有《礼记·月令》《逸周书·时训解》等。

乾隆四十四年（己亥，1779），乾隆皇帝命令朝臣检查《四库全书》集部之书，发现从唐讫明，没有人撰写咏七十二候的诗，只是在清初顾德基的《东海散人集》中有咏七十二候之作，不过，乾隆皇帝认为顾氏之作"实同巴渝下里之歌"。于是，他在处理政务之余暇，"援按陈编而拈咏，由春孟迄于冬季，岁月匀排；从冻解递及泽坚，始终具举。既随题而得句，亦因事以立言，或为辟谬砭讹，仍复引申触类"，撰写《月令七十二候诗》七十二首。这七十二首今体诗收录在《御制诗四集》卷五十七中。乾隆对七十二候诗还比较重视，三年后的四十七年正月，在和大学士及内廷翰林茶宴的时候，他还要求大家以七十二候为题咏诗联句。乾隆之时，出现了以《御制七十二候诗》为主题的集锦墨，浙江仁和人胡高望还将这些诗写刻刊行。永瑢于乾隆四十五年进呈的《御制月令七十二候诗画册》也是以此主题而绘制的。

永瑢（1743—1790），乾隆皇帝第六子，乾隆二十四年过继慎郡王允禧为后，三十七年进封质郡王，五十四年再进亲王。乾隆皇帝对他颇为赏识，曾任命永瑢为四库全书馆总裁。《清史稿》载其继父允禧"诗清秀，尤工画，远希董源，近接文徵明，自署紫琼道人"，而称赞永瑢"亦工画，济美紫琼，兼通天算"。

永瑢在题识中说《御制月令七十二候诗画册》的定稿是在"庚子冬"进呈皇帝御览。"庚子"是乾隆四十五年（1780），乾隆生于1711年，1780年正好七十岁，永瑢进呈此书或许也有祝寿的意思。笔者曾托故宫博物院的友人查询故宫是否有藏，答复是没有收藏。不知道《御制月

東風解凍

麥秋至

靡草死

廉州死

廿二

令七十二候诗画册》的进呈本是否尚存天壤之间。此初稿本可见当初创作的原貌。画作上还保留有修改的意见，如：第二十三幅"靡草死"有"用点草"，第三十四幅"腐草为萤"有"改换柳树"，第五十八幅"虹藏不见"有"人改小"，第六十七幅"雁北乡"有"头向上"等等。

该书末夹有一纸，上写："卅万　御制七十二候诗　一册；廿万　画册。文渊阁书店。"据孙殿起《琉璃厂小志》第三章"书肆变迁记"记载"隆福寺及其他"等地书肆时，提到"文渊阁　李殿臣，字文颖，冀县人；张元升，束鹿人；萧文豹，冀县人；于民国三十三年开设"。郑振铎先生应该是从文渊阁书店购藏此书的。1958年先生遇难后，家属将其全部藏书捐赠国家，入藏国家图书馆，这部画册就是其中一部。

清乾隆刻本《烧炉新语》

　　偶读三联书店版《王世襄自选集：锦灰堆（合编本）》，见其中有介绍、整理国家图书馆所藏乾隆刻本《烧炉新语》，于是利用中午休息时间在普通古籍阅览室提阅该书，读后略有感想，草此小文，以为续貂之作。

　　《烧炉新语》不分卷，清吴融撰，清乾隆十二年（1747）刻本。半叶七行，行十八字，白口，四周单边，单鱼尾。一册。索书号为132057。本书前有陈德荣、王廷净、袁枚、许惟枚、郑世兴、方鲁、刘瓒、凌洪仁、罗世斌、张辅、魏允迪、国秋亭等12人所作序，序的撰写时间多署乾隆十二年。序后为目录。全书分为32篇：炉说、论铜色不可制、急火烧炉法、制造烧炉具法、打磨香炉法、烧炼方砖法、制造宝砂法、洗油头发法、急火烧炉分上中下三法、论红藏金结雾法、论水乍白结雾法、论黑漆古结雾法、论水查白结雾法、论秋葵结雾法、论黄藏金结雾

銅之精神以啜其名戟之

唐人所稿日月從豺席丹砂

變黃金者於理果執寫

近余回其說有感乎玄身

竹呂之道而且喜其崇尚常

後以贈之

來者之品以張吾說以為飯

錢塘麥枚子丰氏題

法、论落霞红结雾法、论蟹壳青结雾法、论苹果绿结雾法、论藏锦色结雾法、论铜质老嫩难结法、做橘皮炉法、打磨橘皮糙熟法、退炉法、煮花纹炉法、论各炉款式结法、揩抹香炉法、论炉清水做色之辨、论北铸做色难成、下炉色免磨法、制造养火罩式法、打炭壑法、洗除斑点法。各篇的篇幅不一，长者有近千字，短者则不足百字。

《烧炉新语》一书流传绝罕。孙殿起先生的《贩书偶记续编》卷十著录此书："《烧炉新语》一卷，清黄山吴融撰，传抄本，最后题曰，此编论烧炉最精当，其法简尽，可以传后，爰录一过宝藏之，乾隆三十五年岁次庚寅重阳日慎荈主人书。"蒋元卿先生的《皖人书录》卷三据《贩书偶记续编》著录："吴融［清］歙县人　《烧炉新语》一卷　《贩书偶记续编》著录　传抄本（后题乾隆五十三年岁次庚寅重阳日慎庵主人书）。"著者籍贯系为歙县，慎荈主人的题记时间误为乾隆五十三年。《中国古籍善本书目》史部著录有一种，系清乾隆三十年慎荈抄本，藏于北京市文物局图书资料中心。此与《贩书偶记续编》所记当属同一部书。《中国古籍总目》史部仅著录北京市文物局藏本。另查"学苑汲古"数据库，未见高校图书馆有藏。因此，《烧炉新语》目前了解仅藏两部。据采访卡片，国家图书馆藏本系 1953 年 10 月 14 日从社会文化事业管理局移交的。国家图书馆藏本的序多有缺字，或许可以参考抄本以补全。

《烧炉新语》的著者吴融，号雪峰，卷端又署"烟波钓徒""峰子"，黄山人（蒋元卿先生系为歙县人），侨居江苏海陵。吴融颇有才华，刘瓒称他"为人偶傥，有名士风，诗书六艺罔弗谙"，凌洪仁称他"沉静博学，于诗古文词无不能"。不过他在仕途上似乎并不顺利，虽然他曾说"予宦游四方"（第一篇"炉说"），而且也曾担任河工方面的职务（凌洪仁序"当是时，先生与余各有河工之役"），但是他最终所任官

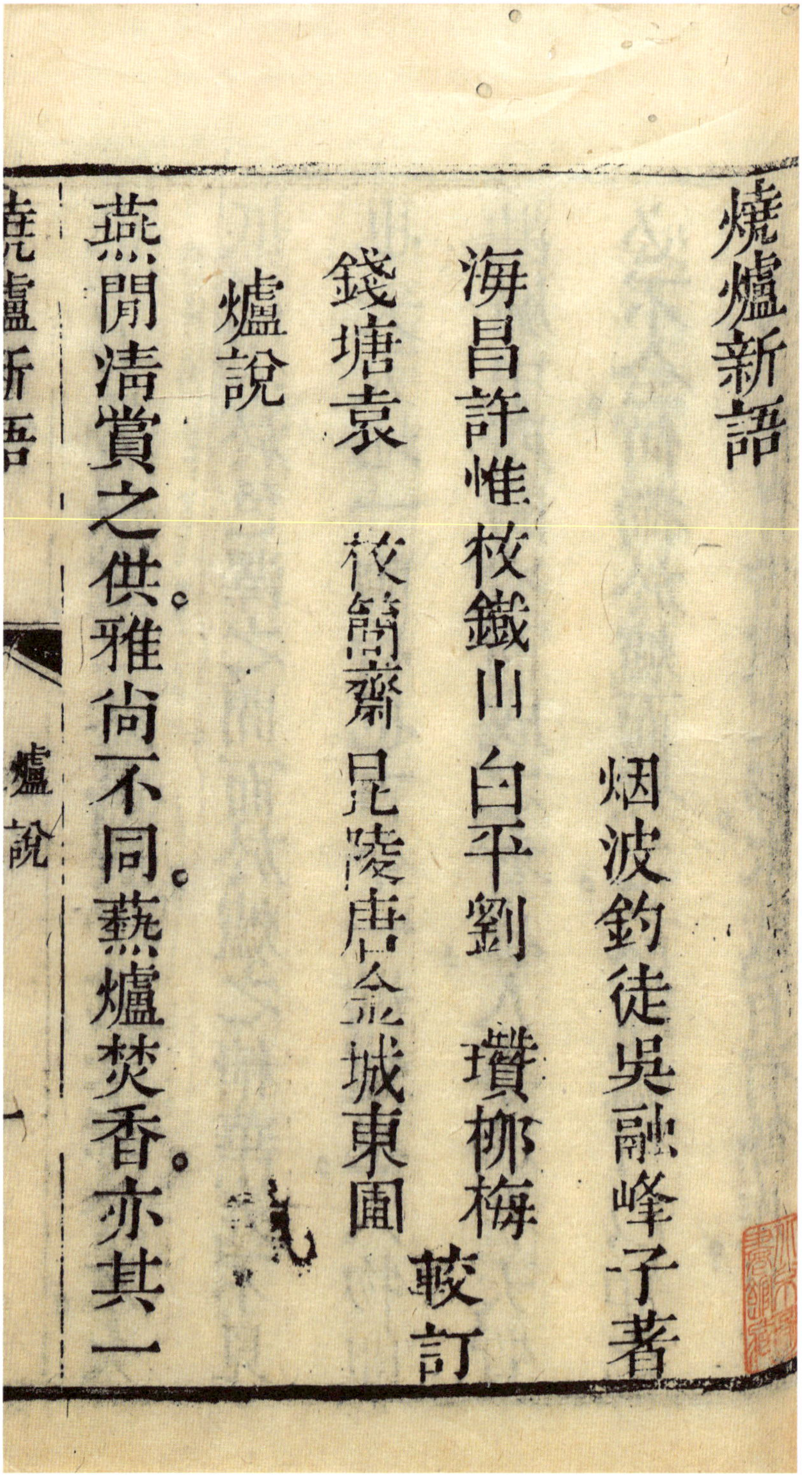

燒爐新語

烟波釣徒吳融峰子著

海昌許惟枚鐵山 白平劉 瓚栯梅

錢塘袁 校簡齋 昆陵唐金城東圉 較訂

爐說

燒爐所吾 爐說

燕閒清賞之供雅尚不同蓺爐焚香亦其一

职并不高，乾隆《歙县志》、光绪《安徽通志》都没有记载他的名字。

吴融有三大嗜好：一是鼓琴，随身携带一把琴，"雅善鼓琴，高山流水，虽世乏知音，而铿锵响应，悠扬余韵，黄童老妪，闻之皆识其为喜为悲，为怒为怨，其神妙可想见也"（方鲁序）；二是指画，方鲁称赞"继擅指画，人物鸟兽，花卉草木，天然生动，机趣飞舞"，他的指画水平非常高，得到了工部尚书高其倬的赞赏，认为可与其堂兄、指头画创始人高其佩相伯仲；三是藏炉，他自言"予素有嗜炉之癖，家藏百有余座"（第一篇"炉说"），刘瓒也认为他"而于游艺之余，复究心于炉"。本书即是他在丰富的烧炉经验的基础上撰写而成的。

吴融所交游之人皆为一时俊杰，从所作序言的诸人即可见一斑，又与衍圣公孔广棨有交往，"辛酉秋，复聚于曲阜圣府石屏公斋头，诗画更工，风雅愈迈。自文良公以下，以诗文题赠者日富"（凌洪仁序）。

王世襄先生在《锦灰堆》中对《烧炉新语》做了简要的介绍和评价，肯定了书中提到的烧炉快速法，认为它"并非妄诞，我信而不疑"，同时还对该书进行了整理，标以句读，注明错误，使读者得以知晓《烧炉新语》的内容。应该说，王先生对此书的揭示厥功甚伟。不过，比照原书，笔者认为此整理本尚有两个遗憾之处：

其一，《烧炉新语》前有十二个人的序，确如王先生所言，有些"词藻华丽而内容空泛"，因而仅整理了方鲁、刘瓒、凌洪仁三人的序，以其"述及作者生平行实较详"。不过，第十一、十二篇序言，分别出自魏允迪、国秋亭之手，所述内容多言其与吴融的交游过程，有一定的价值，如果整理出来，能够增加两份研究材料。当然，如果能够全部整理出来，自然更好，因为比如袁枚之作，或许就是一篇不为人知的佚文。

急火烧爐俱要候霧發繞貼得住異色纏算得

箇告成若霧不發便守不佳原色反怪此法不

效。紅藏金者色如赤金相似紅中現黃內有猪

崇紅點初生霧時形如塗淡淡粉永有影無形。

磨之易下此色成矣從上上重合銅中得來還

有一種退出內帶綠色紫霞氣有大黑珠點的

論紅藏金結霧

饶靈折臼

坎爐架六

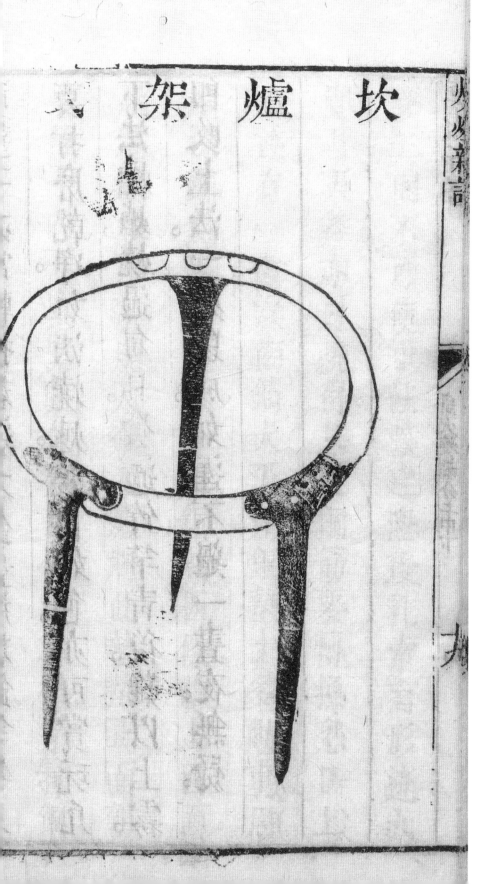

其二，整理本第三十二篇"洗除斑点法"末尾"指头蘸□□□□故不惮反复谆谆，而是编所以著也"一句，"□□□□"后王先生有注："四字看不清，当为'口津一擦'字样。"核诸原文，此四字实际应为"口津轻轻一擦"六字；而且，"指头蘸"为前叶之末，而"故不惮反复谆谆，而是编所以著也"为另叶之始，两者中间尚缺一叶。这一叶整理的文字在哪儿呢？第三十一篇"打炭墼法"有"余案头之炉，终年常用口津轻轻一擦自下"一语，其实，从"口津轻轻一擦自下"直至后面的"又不忍独私于己"为一叶内容，其位置应该在"指头蘸"与"故不惮反复谆谆，而是编所以著也"之间。究其原因，或许因年代久远，将此叶内容误植入前一章中。

清谢宝树稿本《珊峤诗存》

郑伟章先生《文献家通考》称谢宝树为"京师著名文献家"（中华书局 1999 年版，第 479 页），但是对其生平言之甚略。李振聚《〈北平谢氏藏书总目〉编者考略》一文确认谢氏系"清代嘉庆道光时北京地区重要藏书家"（《文献》2015 年第 5 期），并对其生平与交游、藏书、抄校书、著述进行了考证，不过由于资料缺乏，对其生平的阐述不够详细，甚至生卒年也未提及。2016 年国家图书馆入藏了一部谢宝树稿本《珊峤诗存》，我的同事尤海燕女史在《文津流觞》2016 年第 2 期中曾做过简要介绍，并利用此稿本考证出谢宝树的生年为乾隆三十五年（1770）。笔者近日再读此稿本，发现可以从中挖掘出不少与著者生平及交游相关的资料，现勾勒如下：

《珊峤诗存》二卷，一册。半叶九行，行二十一字，白口，四周单边，单鱼尾。书签墨笔题"珊峤诗存手稿"，版心下镌"授经图屋校定正本"。书末钤"谢宝树印""知我如此"二印。全书未标明分卷，但是以两处卷端题"珊瑚诗存"、且各自有题识，故视为二卷。

卷一收诗起《感怀（丙辰）》，止《岁竟书怀》，卷末有著者题识：

> 岁丙午余年十七，始学为试帖，二十外得二冯评点《才调集》，读之因略辨为诗门径……丁卯冬写官期满，家居多暇，杂取旧藏古今人总集、别集五千余卷泛滥观览，似微有会，偶成一诗，出以示人，亦间为友朋许可，于是始稍稍收罗散佚，戊辰后爱勒一编，随时札记。自丙辰至庚午凡得诗四十三首，今岁又得诗三十七首，都为一册，置诸案头，聊以自遣……嘉庆辛未除夕北平谢氏珊瑚识。

据此可知该卷收诗 80 首，为嘉庆元年至十六年（1796—1811）间所作。

卷二收诗起《偶忆唾面自干事，嫌其过情，诗以夺之（壬申）》，止《生日作》，卷末有著者题识：

> 自壬申至今七年矣，凡得诗三十七首，而壬申八月五日已前得诗约十分之四，八月后滞秋曹者八十余日，十一月朔有三日始褫职释归，遂不高兴吟咏，迨甲戌夏又复拈弄笔墨，所谓消磨岁月耳。今年吟咏亦稍多，因录出之，附于旧作后，他日儿子辈藏之于家可也。嘉庆戊寅除夕北平谢宝树识。

据此可知卷二收诗 37 首，系嘉庆十七年至二十三年间所作。

谢宝树的诗作，嘉庆刻本《岁寒小草》中收录了 29 首，主要作

珊嶠詩存

感懷 丙辰

人事無已時天地無窮期人生不滿百逐逐將何為當

前竟莫悟境過徒追思展轉互糾纏愈即而愈離我真

自了漢安能與之靡袒腹曝吾書披髮歌吾詩旋歌復

旋哭情至天亦隨人皆笑我狂我乃憐我癡

和李義山韻

漠漠輕陰淡淡風飄蕭細雨任西東花飛小閣春無主

柳暗前溪路不通猶記丁年愁髮白何期卯酒助顏紅

授經圖屋

珊嶠詩存

偶憶唾面自乾事嫌其過情詩以奪之壬申

唾面自潔之寬平已足表心也聽其乾過情斯乃矯師

德真僉人苟悅以行巧舊書良史才弔詭跡如埽永叔

矜省增瑣屑事探討遂使便佞流藉口明哲保惜哉阿

弟賢名字翻莫考

雪夜獨酌

天憐岑寂放春回故遣瓊花幾次開積玉頓成虛白室

擘孚橙隨泛輭金盃

授經圖屋

于嘉庆十六、十七年间。将此刻本与稿本所收诗相比对则发现，刻本中的 29 首诗在稿本中都有收录，只是多首诗的标题和诗句都有差异，如刻本《狂歌》诗，稿本作《弹铗》，前者首句作"男儿无建立，杯酒壮心降"，后者作"丈夫无所树，杯酒睡魔降"，说明稿本是最后的定稿，与刻本多有不同。此外，稿本中嘉庆十六、十七年所作的诗没有完全收录在刻本中，说明嘉庆十七年谢宝树在刊刻《岁寒小草》，对这一段时间所作的诗进行了挑选，只有部分诗作收录在《岁寒小草》中。

在卷一卷末的题识中，谢宝树提到"岁丙午余年十七"，根据上述作诗时间主要为"嘉庆"推断，此"丙午"当是乾隆五十一年；又《新岁三日夜不能寐，枕上为此以自诮（辛未）》中有诗句"四十二年成底事，一官须次耻赀郎"，此"辛未"指嘉庆十六年。依据这两条材料，可以推断出谢宝树的生年为乾隆三十五年，但是是否可以注明生年即为 1770 呢？因为我们知道古人有的生日在十二月底，如果转换成公历，已经进入第二年了。例如，晚清学者李慈铭出生于道光九年十二月二十七日，换成公历就是 1830 年 1 月 21 日，在标注李慈铭生年时，应该是 1830 年，而不是 1829 年。谢宝树是否属于这种情况呢？《珊瑚诗存》卷二最后一首诗是《生日诗》，该诗之前的一首诗注云"十二月十六日夜，月色大佳……"，《生日诗》之后的卷末题记时间署为"除夕"，因此，谢宝树的生日应该在十二月十六日至十二月三十日之间。陈垣先生《二十史朔闰表》载乾隆十二月丁卯朔，公历为 1 月 5 日。谢宝树的生日在十二月下旬，其生年虽是乾隆三十五年，但是在标注其公历时，应该是 1771 年。

《珊瑚诗存》中有两首诗谈及其家人情况，其一是《石儿生》，中言"铁儿八岁石儿生，二子差堪慰俗情"；其二是"亡姜黄氏年十六而侍余，侍余八年而没，生一子二女皆不育"。

自壬申至今七年矣凡得詩三十七首而壬申

八月五日巳前得詩約十分之四八月後滯秋

曹者八十餘日十一月朔有三日始攬職釋歸

遂不高興吟咏迨甲戌夏又復拈弄筆墨所

謂消磨歲月耳今年吟咏差多因錄出之

附于舊作後他日兒子輩藏之于家可也

嘉慶戊寅除夕北平謝寶樹識

《珊峤诗存》中有一首《有感》诗与著者生平密切相关，诗云："终南捷径托书科（诗注：庚申夏考取誊录），秘馆趋承五载过（诗注：壬戌秋，充实录馆誊录，至丁卯冬全书告成，仰邀恩叙离馆）；小草何心荣雨露，轻舟无力拒风波（诗注：丁卯春，有以馆事中伤提调施构者，遂波及宝树暨吴友簇、黄向荣、杨书绩、张元伟、王钧，并系清室，寻蒙恩释）；君恩稠叠真难报（诗注：屡奉恩旨赏还生监，仍留生监，一体与宴领赏，赏还职衔，量予议叙，一岁之间五邀渥泽），友道炎凉未易和；女会读经儿就傅，天之佑善已多多。"这首诗的注释中涉及了谢宝树的三点生平履历：

第一，科举仕途是誊录。清代除了乡试、会试等科举途径外，还有其他入仕考试，誊录即是其中之一，商衍鎏先生《清代科举考试述录》认为"誊录向无定额，多者至六百余名。清代开馆修书，康熙、乾隆时最盛，余如玉牒、国史、实录、方略、会典各馆，皆用缮写之人。遇招考时，凡贡监生员皆可应考，举人愿考者听，考取者名为誊录"，"会试于嘉庆四年始，每科选取四十名，挨次送各馆以供缮写。乡试限在顺天内挑取，各省以道远不与"。谢宝树说他"庚申夏考取誊录"，按"庚申"为嘉庆五年（1800）。

第二，任职实录馆誊录。实录馆是清代纂修皇帝实录而设置的临时机构，一般在皇帝晏驾之后，继位者即为之开馆纂修实录。实录纂成，该机构也随之裁撤。有清一代共开馆十二次，纂修实录十二部，加上《宣统政纪》，共十三部。谢宝树称自己"壬戌秋，充实录馆誊录，至丁卯冬全书告成，仰邀恩叙离馆"。按"壬戌"为嘉庆七年，"丁卯"为嘉庆十二年。在此期间，谢宝树任职实录馆，当然是纂修乾隆实录。《清高宗（乾隆）实录》前有《进实录表》，后附列参与纂修人员，其中"效力誊录汉字"中有"增贡生臣谢宝树"。

第三，实录馆中伤事件。此事在《清仁宗实录》中有详细记载。嘉庆十二年正月初七载：

谕内阁：昨据陈崇本参奏，此次《宫史》告成，恩准议叙，风闻提调施杓等有听受请托，令誊录等凑银交纳，并办有从优议叙奏稿。

后据禄康等审讯：

据施杓供称，馆上收发事件较繁，因各誊录散处城外，是从专交吴友麓等六人承总办理，一切事件俱系伊等经手。复讯据吴友麓等六人供认承总办理，并称上年因赶办《宫史》誊录等，恐缮写不及，是以添雇书手，帮同赶缮计前续编十二分，约字数二千数百万，写价每千字计银三钱，约银七千余两，此外并无攒集银两致送提调之事等语。

尽管如此，

恐尚有不实不尽之处，看来该馆事件总因该提调等办理不公，致滋物议，而施杓之咎尤重，昆山随同附和，又将伊侄咨取过馆，显属瞻徇，施杓、昆山均著革职，交禄康等详细根讯有无贿嘱情弊，再行具奏……吴友麓、杨书绩、谢宝树、黄向荣、王钧、张元伟充当誊录，辄以承总办事为名，攒凑众誊录银两，雇写书籍，均属不安本分，且难保无沾润馈送等事，并著革去职衔，交禄康等一并研讯定拟具奏。寻奏，施杓等均无贿嘱情弊，吴友麓等亦无沾润馈送等事，惟该提调以未经回定之事，

先行具稿，以致外闲传播，显系有意招摇，以为后日市恩受谢
地步，又将未经办书之供事列入优叙，种种蒙混均系施杓一人
主张，施杓除办事错误，失察该馆誊录，各轻罪不议外，应依
将不合行事、朦胧禀说者杖一百徒三年律，杖一百、徒三年……
吴友簏等募人代写虽为趱办公事，但不应像计字数，凑敛多金，
存局支销业经革去职衔，应即饬令离馆。从之。

同年九月二十九日，《清高宗实录》书成，在奖励参与人员时，对
于之前"办公失当"之人，予以宽大处理，"施杓著免其徒罪，加恩赏
给编修，誊录谢宝树、吴友簏、杨书绩、张元伟、王钧、黄向荣六人著
赏还各原职衔，毋庸给予议叙"。

此外，《珊崎诗存》还提供了一些谢宝树交游的资料。之前了解谢
宝树的著作主要是嘉庆刻本《岁寒小草》。该书收录了谢宝树及其友人
吴友簏、王肇泰、壁昌的诗作，诗作的撰写时间为嘉庆十六年、十七年
之间，从中可见部分谢宝树的交游情况。而《珊崎诗存》则收录了谢氏
大量诗作，可以极大地丰富谢宝树交游的研究资料。如《次程勿斋簏留
宿赠韵》《夜听钟雨堂时沛弹琴》《选授河阳以路远未赴，瞿太史昂见
过留句为问次韵答之》《陈古香嘉谟丞东阳》《题王竹君勋举杯邀月小
照》等诗作中提及程簏、钟时沛、瞿昂、陈嘉谟、王勋等人。

谢宝树是清嘉庆道光时期北京地区的藏书家，关于他的资料十分稀
少。稿本《珊崎诗存》无疑为我们研究谢宝树提供了珍贵的第一手资料，
具有重要的文献价值。

…珍青言不知其真官作常死可惟曰同八

袁詩彙爲一帙向作不錄無與歲寒也近作附

之因歲寒連及也仍自爲次序齒也予泰一日

歲寒小草目錄

歲寒小草

歲寒小草者予與吳編山王瑞菴壁星泉所爲

詩也歲寒者誌時也客冬十月編山授經於北

城之粉子亭瑞菴亦寓星泉處四人相距各里

許或酒樓過從或詩簡往復幾於無日無詩嗣

清道光彩色套印本《金鱼图谱》

金鱼是从野生鲫鱼驯化而来的观赏鱼类。我国是最早驯化出金鱼的国家，驯化的历史可追溯到宋代。及至明代，饲养金鱼在文人雅士中已然成风，清以后蔚为大观。记载金鱼饲养技术和品种的专著，明代就已经出现，这段时期有屠隆的《金鱼品》、张丑的《朱砂鱼谱》；清代的数量更多，包括宝奎的《金鱼饲育法》、拙园老人的《虫鱼雅集》、句曲山农的《金鱼图谱》以及蒋在邕的《朱鱼谱》等。其中最著名者，当属句曲山农的《金鱼图谱》。

《金鱼图谱》不分卷，清句曲山农撰，清道光二十八年（1848）彩色套印本，一册。该书书名页题"道光戊申""金鱼图谱""景行书屋"。正文前有一段识语，简述编纂缘起："金鱼谱旧无传书，近人薛氏有谱，图详而说甚略。今参取《本草纲目》《群芳谱》《格致镜原》《资生杂志》《培幼集》《花镜》诸书，荟录为谱，以备谱录之一。薛氏图列鱼五十四种，今附于后，乐间适性，或有取焉。句曲山农识。"随后为正文，分为：原始、池畜、缸畜、配孕、养苗、辨色、相品、饲食、疗疾、识性、征用等11部分，详细阐述了金鱼的饲养历史、技术、品种以及用途等等。正文后为图56幅，其中采自薛氏旧谱者54幅、新增补者2幅，形象地描绘了各种金鱼品种的样式，图像均为彩色套印，十分精美。书名页及文字部分的栏线为竹、梅、松图，图像部分的栏线为贝壳形。

该书撰者句曲山农，生卒年不详。书名页及文字部分的栏线外有"仰止写"字样。检之《中国近现代人物别号大辞典》，仰止为尚兆山字。"尚兆山"条记载：尚兆山（1835—1883），字仰止，句容人。光绪《续纂句容县志》卷九有尚兆山传："尚兆山字仰止，邑廪生……家贫而学邃，授句读江宁，肄业惜阴书院，汪助教士铎深赏之。尤嗜金石，力无以致，则数数裹粮走乱山中，扪葛剔藓，求之荒崖断壁……能绘事。"卷十九收录了汪士铎所撰《尚仰止传》，内载尚兆山在江宁惜阴书院每得优等，深为省中名士甘元焕、陈作霖、翁长森、冯煦、刘诚甫等人所称道，"以为嗜古力学，不苟取，不近名，暗修君子，当于古人中求位置"，可惜卒于光绪九年（1883）九月，年甫四十九岁。尚兆山著有《括囊诗草》二卷、《词草》一卷，辑有《赤山湖志》六卷，收录在《金陵丛书》中，有民国三至五年（1914—1916）上元蒋氏慎修书屋铅印本。不过笔者有一点疑问，按此生年推算，《金鱼图谱》刊刻时，尚兆山年仅十四岁。"仰止"是否另有他人，不得而知。

句曲山农在识语中提到编纂此书时参考了《本草纲目》《群芳谱》《格致镜原》《资生杂志》《培幼集》《花镜》诸书。考《格致镜原》卷九十一有"金鱼"条，《金鱼图谱》"原始"部分所引《七修类稿》之语，当即源于此；陈淏子《花镜》卷六有"金鱼"条，《金鱼图谱》"池畜""缸畜"等部分对此多有参考；李时珍《本草纲目》卷四十四"金鱼"

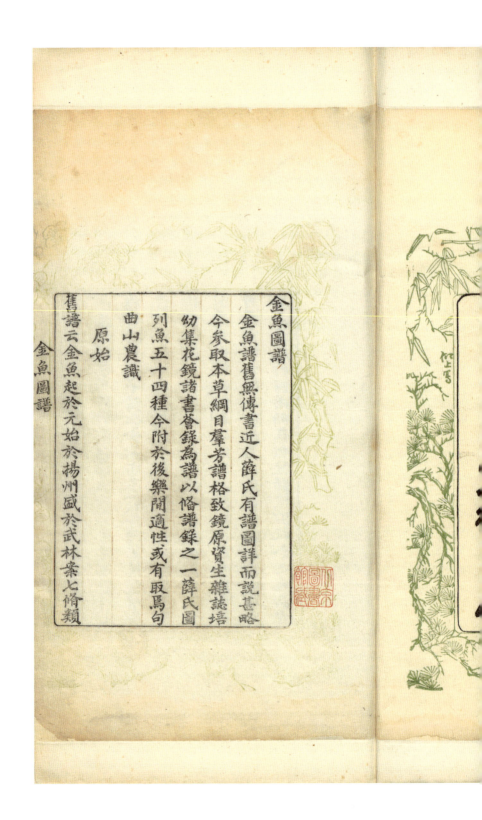

金魚圖譜

金魚譜舊無傳書近人薛氏有譜圖詳而說甚略

今參取本草綱目羣芳譜格致鏡原資生雜誌培

幼集花鏡諸書薈錄為譜以幅譜錄之一薛氏圖

列魚五十四種今附於後樂聞適性或有取焉句

曲山農識

　原始

舊譜云金魚起於元始於揚州盛於武林案七脩類

金魚圖譜

言其药用价值"肉气味甘，咸平无毒，主治久痢"，则为"征用"部分所参考。《资生杂志》《培幼集》以及薛氏旧谱三书，遍查各家书目，未见流传，不知著者是如何引用的。

相较其他各种金鱼专著，《金鱼图谱》之所以珍贵，主要是因为书中彩色套印的图像。我们知道，雕版印刷的套印技术在宋代即已出现，现存较早的套印实物有1974年山西应县木塔出土的辽代统和年间（983—1011）三色套印《南无释迦牟尼佛像》、元至元六年（1340）中兴路资福寺朱墨套印《无闻和尚注金刚经》。早期的套印品多为单版套色印刷，明万历之后方才出现多版多色套印技术，吴兴凌、闵二氏等大量出版套印书籍。及至明崇祯年间，胡正言采用"饾版"技术，刊行《十竹斋书画谱》《十竹斋笺谱》二书，为彩色套印的扛鼎之作。著名版画研究与收藏家郑振铎先生在《中国古代木刻画史略》指出，到清康熙时，"另一种新的彩色木刻画的方法创造出来了"。结合此时的彩色套印本《湖山胜概》插图，郑先生分析道："他以黑色线条的木刻画为主，先将刻好的黑色画刷印出来，然后，再以不同的木块刷印上不同的彩色。仿佛是用手着色的，其实却仍是刷印的，效果很不错。"《金鱼图谱》图像的套色印刷技术与《湖山胜概》有相似之处。

《金鱼图谱》流传稀少，《中国古籍善本书目》

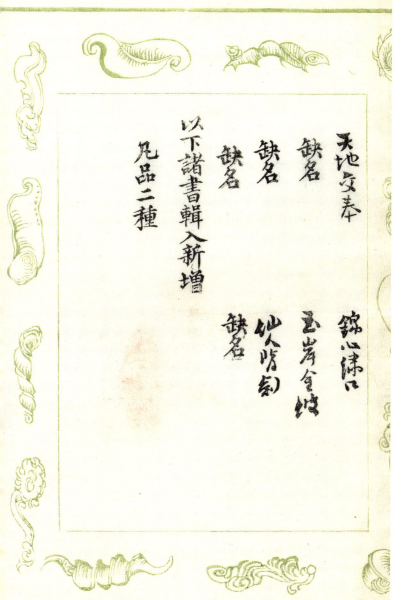

天地交泰　　　　　　　　錦心綉口

缺名　　　　　　玉岸金波

缺名　　仙人背剑

缺名　　　缺名

以下諸書輯入新增

凡品二種

《中国古籍总目》载此书仅藏国家图书馆。核诸馆藏，国家图书馆善本中藏有两部：

一部索书号为14868，一册。首叶钤"真州吴氏有福读书堂藏书"印，印下有墨笔题"一本一元二角"，此书为近代藏书家仪征（旧称真州）吴引孙旧藏。吴引孙（1851—1921），字福茨，江苏仪征人，光绪五年举人，曾任军机章京，浙江宁绍台道、广东按察使，新疆、湖南、浙江布政使等职。吴引孙嗜好藏书，建测海楼以置之，编有《扬州吴氏测海楼藏书目录》。他在该书的"自序"中说明了自己的藏书原则及数量："余惟视力量所及，耳目所周，不拘一格，凡元明刊本，旧家善本，寻常坊本，殿刻局刊各本，随时购觅，意在取其完备，不必精益求精，自宦游浙粤十余年来，节省廉俸，广购储藏，得八千零二十种，计二十四万七千七百五十九卷。"因吴引孙祖父的书斋名有福读书堂，故而其藏书印之一即为"真州吴氏有福读书堂藏书"。陈乃乾在所编《测海楼旧本书目》中概括了吴氏藏书的特点："吴氏藏书求备而不求精，与世之专尚版本者不同。然每得一书，必钤藏印于首叶，并手识几函几元几角，函以板，悬以签，无折角，无缺叶，完好整洁，无虫鼠之蚀。"测海楼藏书在吴引孙逝世后没几年，即售归北平富晋书社，转售京沪公私藏家。《金鱼图谱》见载于清宣统二年（1910）刻本《扬州吴氏测海楼藏书目录》中，卷六子部下第十一叶："《金鱼图谱》，句曲山农编，一本。"富晋书社民国二十年石印本《扬州吴氏测海楼藏书目录》、二十一年铅印本《测海楼旧本书目》则未载此书。

另一部索书号为15899，也是一册，书中未见藏家印章。根据馆藏采访记录，此部书系郑振铎先生旧藏。郑振铎（1898—1958）为著名藏书家，曾担任文化部副部长。1958年因飞机失事遇难。郑先生家人将其藏书全部捐赠国家，由国家图书馆收藏。这部《金鱼图谱》应该就是

由此进入国家图书馆的。不过关于这部书，笔者有两点费解之处：其一，1963 年国家图书馆编辑出版了《西谛书目》，主要反映郑先生所藏线装书，这部《金鱼图谱》未见载于《西谛书目》中；其二，郑先生在《中国古代木刻画史略》中没有提及《金鱼图谱》，而且他在第九章"彩色木刻画的创作"说明乾隆版的小型《耕织图》之后，指出"此后，经一百二三十年，彩印之术不传。直到清末（约 1900 年），方才有好事之徒，刻印彩色诗笺，相与传赏，画家们也开始为诗笺作图"，《中国古代木刻画史略》直到郑先生出国前夕方才定稿，按理如果他知道《金鱼图谱》，当不会下此断语。

清曾国藩《营规》单行本

2018年，国家图书馆从苏州江澄波老先生手中购藏一种曾国藩的《营规》单行本。该书的内容比较常见，不过版本却十分罕见。

《营规》，刻本，一册。书衣墨笔题"同治纪元八月下澣少韩藏阅""曾阁部大营规条"。前后无序跋，共八叶。半叶八行，行二十二字，小字双行同，白口，左右双边，单鱼尾。卷端题书名，未题著者，内容包括招募之规2条、日夜常课之规7条、扎营之规8条、行路之规3条、禁扰民之规（内有爱民歌）、禁洋烟等事之规7条、稽查之规5条，共计33条。书末护叶有墨笔题"此书系会字副营管带唐赠，如有借观者，即希掷还"。

同治十三年（1874）传忠书局刻本《曾文正公杂著》卷一收录了《初定营规》22条，包括扎营6条、开仗5条、行路3条、守夜3条、军器5条，又收录了《爱民歌》（题名下注"咸丰八年在江西建昌大营作"字样）；

同治紀元八月下澣

少韓藏閱

曾閣部大營規條

卷二收录《营规》，内容与上述国家图书馆购藏本基本一致，唯一不同之处是没有收录《爱民歌》，而注明之前卷一已经收录了而不再重复。

营规是军队行军打仗的规矩、制度。每一支军队都会有营规。曾国藩创建了湘军，自然也会制定相应的营规。那么，湘军的营规是什么时候制定的呢？李元度《天岳山馆文钞》卷十四有《诰授光禄大夫太子太保武英殿大学士钦差大臣兵部尚书两江总督赏戴双眼花翎赏穿黄马褂世袭一等毅勇侯赠太傅特谥文正曾公行状》一文，内称"（咸丰二年）十一月，诏公帮办本省练团查匪各事宜。公缮疏请终制，会闻武昌失守，郭公嵩焘力劝公出，乃寝前疏，出而任事。时罗公泽南、王公鑫所招湘勇已至省城，公为酌定营规"。黎庶昌《曾文正公年谱》卷二载："（咸丰三年十二月）十日，抵衡州，公与罗公商榷兵事，更定陆军营制，以五百人为一营，每营四哨，每哨八队，亲兵一哨六队，火器刀矛各居其半，每营用长夫百八十人，营官、哨官、队长以至勇夫薪粮分毫，悉经手定。刊立《营制》数十条、《营规》亦数十条。自此以后，湘勇转战遍于各省，一依公所定规制行之。"曾国藩咸丰二年（1852）所定《营规》，应为《曾文正公杂著》中的《初定营规》，而咸丰三年所定《营规》，或为目前所见《营规》的主要内容。

由于《爱民歌》的创作时间为咸丰八年，我们现在所见的《营规》应该是咸丰八年之后合并刊刻的。黎庶昌《曾文正公年谱》卷六载："（咸丰十年六月十三日）公治军八载，转战两湖、江皖等省，与地方大吏分主客之势，至是兼任疆圻，百务填委，迺以安庆水次为老营，设立行署，奏派大员总理地方文卷，札委银钱所、军械所、发审所各员弁，刊发《营制》《营规》，训饬各营将领士卒；刊发《居官要语》一编，训饬僚吏密札司道举劾属员，札各营统领举劾营官、哨弁，均得以密函上达。"咸丰十年刊刻的《营规》，与目前所见的《营规》应该完

营规

招募之规二条

招募兵勇須取具保結造具府縣里居父母兄弟妻子名

姓箕斗清册各結附册以便清查

募格須擇技藝嫻熟年輕力壯樸實而有農夫土氣者為

上其油頭滑面有市井氣者有衙門氣者概不收用

日夜常課之規七條

五更三點皆起派三成隊站墻子一次放醒炮聞鑼聲則

全一样了。

　　这部《营规》的书衣上墨笔题"少韩藏阅"，说明"少韩"是收藏者。那么，"少韩"是谁呢？江老先生在 8 月 25 日的来信中对此略加考证，认为少韩是戴宏琦的字，咸丰年间曾任上海知县刘郇膏的正帐司事。依据江老先生的结论，笔者又搜集了两条有关戴宏琦生平的资料：一是关于戴宏琦的籍贯，日本嘉永四年（1852）刊《表忠崇义集》的卷端著者署"上海印经、陈兆奎、戴宏琦全录"，卷下收录了戴宏琦的诗，署"上海戴宏琦少韩"，说明戴宏琦为上海人；二是戴宏琦的卒年，光绪四年三月二十九日（1878 年 5 月 1 日）《申报》载有《挽谱兄戴少韩光署宏琦》，署"吴兴伯子肖翁旧稿"，内有注释说"沪城三遭变故，君奉前升宪吴公煦、薛公焕、刘公郇膏三次谕，团练防堵，均有功绩，得邀保举"，诗中所说戴宏琦与我们讨论的是同一人，这说明戴宏琦卒于光绪四年之前，又民国二十年（1931）铅印本《华亭莫葭士先生遗稿》末有一跋，署"光绪二年闰五月既望后学戴宏琦拜识"，光绪二年戴宏琦尚在世，那么戴可能卒于光绪二或四年之间。

　　《营规》书末护叶的墨笔题字说"此书系会字副营管带唐赠"，此言本书乃是会字副营管带唐某赠送给戴宏琦的。会字营为李鸿章淮军之一，创建于同治元年四五月间，人员来自原江苏巡抚薛焕的旧部防军"海勇"1000 多人，由英国军官在松山九亩地训练，分正副两营。同治二三年左右并入潘鼎新的鼎字营。

　　同治元年二月，李鸿章在安庆创建淮军，共计 13 营 6500 余人。随后他率部援沪，扩充军队至 30 余营。会字营即为其中之一。淮军创建之初，一仍湘军制度。曾国藩《曾文正公书札》卷九《覆左季高中丞》中说："少荃（指李鸿章）赴上海，系新募舒、庐一带之勇，名曰淮勇，另拨湘勇二三营与之，令淮勇一法湘勇之营制、营规，目下未经战阵，

此書係會字副營管帶唐　　贈如有

借觀者即希擲還

安得号为劲旅，亦别无劲旅可拨，拟先驻镇江，徐图上海也。"李鸿章在《朋僚函稿》卷一《（同治元年）三月十五日上曾相》中说："鸿章到沪，修营浚濠，兵勇无吸烟扰掠，佥谓大帅军容，为苏省用兵以来所未见。鸿章惟照此做去，稳扎稳打，拟翻刻《营制》《营规》遍给沪军，翻刻《劝戒浅语》遍给属吏，翻刻《爱民歌》《解散歌》遍贴各城乡，以晓谕军民与贼中之百姓，此即是不才新政，能为佛门传徒习教之人附骥尾以成名，则幸甚矣。"由此判断，这部《营规》的刊刻时间当在同治元年。

　　国家图书馆新入藏的曾国藩《营规》单行本，反映了《营规》的早期刊印情况，也见证了淮军与湘军的渊源关系。

清光绪伪书《非想非想非非想》

　　2019 年 6 月前后，笔者在检索馆藏目录的时候，无意中发现普通古籍里有一条这样的书目信息：《非想非想非非想》，清黄周星撰，清光绪十一年（1885）刻本，四册。黄周星是明末清初的戏曲家，他怎么会撰写出这么一部名字奇怪的书？带着这个疑问，利用中午休息的时间，笔者到阅览室借阅了此书。

　　《非想非想非非想》开本不大，类似巾箱本，书名页题"非想非想非非想"，牌记题"光绪乙酉八月新镌"，"乙酉"为光绪十一年，版本当是依据此牌记而定的。首叶未题书名，而是题著者："上元黄周星九烟著、歙县张潮山来辑、吴江沈懋德翠岭校。"紧接着是两篇序：一篇末署"桃叶渡子"，序中谈到："余尝谓隐语一途，不过儿童小技，然必须亲切有味为佳。如其浮泛支离，徒供轩渠何益。余凤有此意，适遭同心，偶按籍以命题，爰操觚而从事。笺分四十幅，仿玉轩剪叶之规辟，

上元黃周星九煙著

歙縣張　潮山來輯

吳江沈懋德翠嶺校

昔范文子退朝武子問其何暮

對曰有秦客廋詞于朝大夫莫能

對吾知三焉其古今射覆之祖乎

计二百人，作金谷侑觞之具，是皆因物肖像，顺理成章”；一篇署“江山风月主人”，开篇即说：“村闾夕暇，集知己数人，谈宴竟日，酒阑烛跋之余，辄取古人姓名为隐语，以供射覆。中者举大白酹之，不中者罚以苦茗，亦闲居乐事也。”书末有跋一篇，署“心高居士”，跋文里说：“瘦词之道，制之者与射之者孰难？曰：制者难，射不过期于中耳。”序跋中谈及的“隐语”“瘦词”是现在谜语的雏形。

该书正文分为四十笺，其中三十七、三十九缺，不知道是原缺，还是仅这部书缺。每一笺下有小字，大意是如何喝酒，类似酒令，如第一笺是“奉首坐及高年者”，第八笺是“文士及善卜者各一杯”，第十一笺“夏月生者饮、女客陪干”。每一笺之后有三至五个谜语，一个谜语一叶，正面是谜面及谜目，背面是谜底，如第一笺第一个谜语的谜面是“金仙捧露万年长”，谜目是“射古人名二字”，谜底是“盘古”。如此看来，《非想非想非非想》是一部酒令与谜语相结合的书。

首叶所提“歙县张潮山来辑、吴江沈懋德翠岭校”，笔者还是有点印象，因为此前从事古籍编目工作的时候曾经接触过，《昭代丛书》就是张潮编辑的。《昭代丛书》有康熙刻本，沈懋德在道光时加以增补并再次刊刻。此书首叶题这两人，会不会与《昭代丛书》有关系呢？不过笔者没有印象《昭代丛书》里有《非想非想非非想

昭代叢書別集

歙縣　張潮　山來　輯
吳江　沈楙惪　翠嶺　校

廋詞

上元黃周星九烟著

廋詞

昔范文子退朝武子問其何暮對曰有秦客
廋詞于朝大夫莫能對吾知三焉其古今射
覆之祖平然鞠窮庚癸之呼已盈聞于左史
而壺齟拍塗之語亦明載于漢書下逮六朝

世鴻篇經天偉論而其緒餘亦無妨現狡獪神通著

一二小品以相娛樂譬之天地既有五嶽四瀆以奠

封疆而于一泉一石之微亦必極其曲折玲瓏之致

既有松榦栝栢以供材用而于一花一草之纖亦必

傅以馨香艷麗之姿非好勞也亦古今靈秀之氣自

有以結撰于無窮不知其所以然而然者今之庾詞

何以異是雖然以黃先生之才不能效東方曼倩避

世金馬門高談雄辨于人主之側而僅與二三知巳

在此令淡生舌不成令邯馬笑人戔小齋辰朝誤

藏板

两人名同姓各别姓雖各別也相連一個在太白腮

畔一個在子房髻邊　三代漢各一人各二字

漢家子弟隸梨園　六朝人二字

第三牋　有妾及廣交者各一杯

清簟疎簾方坐隱不知一葉下銀牀　戰國人二字

唐堯在上樂洋洋靜對空潭日月長　六朝人三字

玉門西如天上朝也塑來暮也塑　唐女人三字

周武有亂臣握手如雷陳　宋人三字

　　　　瘦詞

招戈叢書　世楷堂

恨我不見古人正恨古人不見我江山風月

主人題

第一賤奉首座及高年者

金仙捧露萬年長　上古人二字

泰伯逃周為紂王　戰國人二字

不是桂花卽菊花梅蓮蘭蕙不如他　漢人二字

娶金到午宮木德甚蔥籠　宋人二字

第二賤　敬善音律客

　　　　明句異人　春秋人三字

的子目。抱着试试看的心态，我又找来了《昭代丛书》，里面收录了黄周星的《酒社刍言》《瘦词》《将就园记》《制曲枝言》《衡岳游记》等。经过比较，我方才恍然大悟，所谓《非想非想非非想》原来就是《昭代丛书》里的《瘦词》。两者内容基本一样，只是《昭代丛书》本前面有张潮的《〈瘦词〉小引》，《非想非想非非想》里没有收录，个别谜语的顺序也有变化。

《非想非想非非想》大概出自书商之手，为了炮制出黄周星的一部"新"著作、同时能够引人注意，方才取了一个如此怪异的名字。看似怪异，经过深究，其实还是有一定的道理。佛教中有"非想非非想处天"之语，《婆娑论》中说："无色界中有四天：一名空处天，二名识处天，三名无所有处天，四名非想非非想处天。"此书在"非想非非想"之前再加"非想"二字，似乎与佛教并无关系。明阮大铖撰、崇祯刻本《永怀堂新编十错认春灯谜记》卷上第八出"轰谜"里谈及灯谜时说"几行人名儿紧藏，教你非想非想非非想，读书的早来拈赏、早来拈赏"。文中"非想非想非非想"的涵义大概就是让你可着劲地想、绞尽脑汁地想。这一点倒是与《瘦词》的内容都是谜语有一定的关系，或许书商用"非想非想非非想"作为书名就是这个意思。这样看来，作伪者还是有一定的水平的。

《非想非想非非想》可算为一部书名伪而内容不伪的伪书。光绪之时应该已经有人关注了。光绪刻本《字触补》卷五"黄九烟谜稿"引用了黄周星的几则谜语，来源就是《非想非想非非想》。这样一部伪书，只是现在存世并不多。国家图书馆仅藏有一部，《中国古籍总目》仅著录国家图书馆藏本，而高校古籍资源库"学苑汲古"没有著录其他馆有收藏。

这部书上钤盖有"苦雨斋藏书印"，为现代著名文学家周作人旧藏。周作人先生对此类文献颇为关注，藏有《龙山社谜》《梅花诗谜》《谜拾》《迷藏一哂》等。

清周寿昌批校本《汉书》

2013 年 10 月 6 日，当时我还住在菜户营的万泉寺北路十号院。这天是周日，傍晚时分我正在厨房准备晚饭。隔壁赵老师、林老师夫妇过来找我，说 3 号楼有一位老太太周老师，家里有点古籍，想捐赠给图书馆，让我一会儿过去看看要不要。我嘴里应允说好，但是心里没有抱太大希望，觉得不会有什么好书。

晚饭后，我和赵老师、林老师一起去 3 号楼周老师家。进门之后，我和周老师聊了一会儿，得知周老师退休前在中央乐团工作。据周老师介绍，拟捐赠的书原先是她父亲的藏书，因为平时没有什么用，堆放在窗台的角落里，担心对书籍不好，所以想捐给图书馆保存，也算是给父亲的藏书找到一个好的归宿。简单的寒暄之后，我提出来看一下书。周老师已经提前准备好了，放在一张桌子的旁边。书共两堆，外面包着废旧报纸，用塑料绳捆着。我解开其中的一堆，打开第一册，发现是明汲古阁刻本《汉书》，这种书比较普通，普通古籍库里有不少部，不过让我惊奇的是该书的天头、地脚以及字里行间密密麻麻地分布着墨笔批校，更重要的是钤盖着"臣寿昌""周自盦"等印。通过印章我判断应该是晚清学者周寿昌的。周寿昌（1814—1884），字应甫，一字荇农，晚号自庵，湖南长沙人，道光二十五年（1845）进士，官至内阁学士兼礼部侍郎衔，光绪四年（1878）以疾致仕。著有《思益堂文集》十卷《诗集》

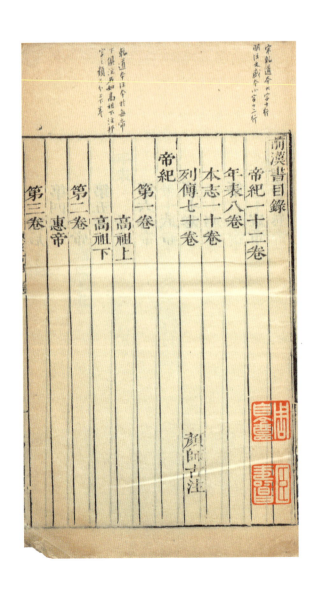

乾道本作高祖與帝字
天漢書上有班固三字又
顏師古結衛上與此諱大
夫四字祕書監毋行字可
字攺衍上有上諱字三字

劉攽曰予謂沛豐郡
郡名。齋名南葉敬
勸曰史家設今必
說沛也地名泰等沛
郡沛郡四水郡者
郡沛郡名之泗水沛
吳時葉郡曹參主
金貶郡豻之泗沛
沛縣勸里地助古說
漢祖勸助古說生
箋用漢啄吾周昌
墨即埋而言類比
為寧有劉媼本姓
之屬意義皆同
老稱也孟音是矣史家不詳著高祖母名
故知邑師也縣也

高祖，師古曰紀理也統理衆事而繫之於年月者也

正議大夫行祕書少監瑯邪縣開國子顏師古注

荀悦曰諱邦字之字曰國張晏曰禮謚法無以為功故高而盛
應劭曰沛縣也豐者沛之聚邑焉師古曰沛者本秦泗水郡之
漢帝之太祖故特起名焉師古曰高祖之字曰季邦之字曰國者臣瓚以相代也此下言縣鄉邑告喻
沛，豐邑中陽

里人也，屬沛曰沛縣也豐者沛之聚邑師古曰本秦泗水郡之

姓劉氏。師古曰本出劉累之後在秦者又為劉氏晉主夏盟為范氏及漢中皆劉氏女也

母媼。文穎曰幽州及漢中皆謂老嫗為媼孟康曰媼母別名也師古曰王媼女

父太公往視，則

見蛟龍於上巳而有娠，應劭曰娠動懷任之意左傳曰邑姜方娠身孟康曰娠音身漢書皆以娠為任身字師古曰娠音身

遂產高祖為人，隆準而龍顏，高也準顏

美須髯

寬仁愛人

受獻減太官省繇賦欲天下務農鬻素有畜積曰備災

彊毋攘弱眾毋暴寡老者曰壽終幼孤得遂長

今歲或不登民食頗寡其咎安在或詐偽為吏

吏曰貨賂為市漁奪百姓侵牟萬民

縣丞長吏也姦法與盜盜甚無謂也

其令二千石各修其職不事官職秏

亂者禾相曰聞壽其罪

布告天下使明知朕意五

月詔曰人不患其不知患其不為諝也不患其不勇患其為暴也

患其不富患其亡厭也其唯廉士寡欲易足今諝算十日十乃得

宦服虔曰算萬錢算百二十七也應劭曰古者疾吏之貪衣食足知榮辱限算十算乃得為吏廉士無資又不得宦故減算四算得宦

宅皆廉士算不必眾有市籍不得官無貲又不得官朕甚愍之諝算

有三輔之稱也。篆詔
書有六有史進書而政
馬如景帝詳啓而改正
元封元年此史進班非當
后人言此出史進班非當
時候乃以類推正封諱
諸書文往與史紀各有
與圉追證與發諸書之
不經

上郡取苑馬 如淳曰漢儀注太僕牧師諸苑三十六所分布北邊西邊以郎爲苑監官奴婢
三萬人養馬三十萬師古曰武泉雲中之縣也養馬易獸者逐各爲苑故調牧

吏卒戰死者二千人秋七月辛亥晦日有蝕之

後元年春正月詔曰獄重事也人有智愚官有上下獄疑者讞有

司有司所不能決移廷尉有令讞而後不當讞者不爲失 令讞者有
師古曰假

理不當所獻之人不爲罪失
如淳曰雖有尊官未必有高爵故數 有賜爵師古曰右庶長第十一爵也

欲令治獄者務先寬三月赦天下賜民爵一級中二千
晉灼曰交紀進刻侯之國今省之師古曰省首所領反

石諸侯相爵右庶長 夏大酺五日民得酤

酒五月地震秋七月乙巳晦日有蝕之條侯周亞夫下獄死

二年冬十月省徹侯之國

馮敬與戰死發車騎材官屯 屯應門春曰歲不登禁內郡食馬粟沒
師古曰負讀曰飲屯鷹門 入之 師古曰沒入者沒入其馬

入之 沒入者沒入五承屬絆是也絆組者今紲紛絛是也臣瓚曰今慎云纂赤組也師

害女紅者也 古曰贊說是也紲會也曾五綵者今謂之錯綵非纂也紅嶺曰功緯音子內反

夏四月詔曰雕文刻鏤傷農事者也錦繡纂組

二十卷《诗余》四卷《日札》六十卷、《汉书注校补》五十六卷、《后汉书注补正》八卷、《三国志注证遗》四卷、《五代史纂注补续》一卷，另编有《宫闺文选》十卷。其中《思益堂日札》《汉书注校补》《后汉书注补正》《三国志注证遗》等最为学界所重视。

前些年在研究李慈铭的时候，我发现李慈铭与周寿昌交往密切，所以对周寿昌有所了解，而且对他的《汉书注校补》比较熟悉，曾经还计划写一篇专门谈李慈铭与周寿昌交游的论文。看到此，我心里就比较有数了，这是难得的周寿昌批校本，可能与他撰写《汉书注校补》有密切的关系。剩下的书我逐册都看了一遍，发现一种是明汲古阁刻本《后汉书》，上面也有周寿昌的批校，另外两种是光绪刻本《思益堂四种》（存《汉书注校补》和《后汉书注补正》）、《思益堂诗钞》（存卷1—3）。总共4种52册。后面两种都是周寿昌所撰，由此更加坚定了我之前的判断。于是向周老师表达，希望能够入藏这批文献，为慎重起见，过几天再找几位专家过来看一下。周老师爽快地答应了，并明确表示如果国家图书馆要，准备将这些古籍全部无偿捐赠。

10月15日，我和程有庆、董馥荣两位专家应约来到周老师家。周老师也把她的外甥女和外甥女婿叫了过来。可能因为涉及合同，请青年人过来听一听参谋参谋。程、董两位老师看过之后，都认为值得入藏。之后，我简单介绍了一下国家图书馆接受捐赠的有关规定，以及后续需要办理的流程。周老师表示没有意见，说按照馆里正常程序走就可以。周老师还让我们欣赏之前她在乐团时录的歌曲，大家听了大加赞赏。在回馆的路上，程老师特意表示了这批文献比较有特色，建议入藏。

之后的工作就是报文、草拟合同、审批合同、签订合同等等。由于家近的原因，后续与周老师的联系主要是由我来承担，包括合同草稿的审阅及修改、合同签订等等。每次去她家，周老师都会和我聊起她的家族情况，包括他的父亲、母亲、兄弟姐妹等。特别是抗战时期，身在广西的父亲听说祖辈流传下来的藏书毁于日军的轰炸时，那份遗憾与若有所失的情景，现在仍然历历在目。通过周老师的介绍，我也了解到周寿昌藏书的最后结局。

事情办妥之后，我有几次在小区里见到周老师，并打招呼寒暄几句。后来因为搬家的缘故，就没有怎么联系了。不过每每看到周寿昌的文献时，我都会想起周老师捐赠这件事。感谢众多像周老师那样平凡却又伟大的普通人，无偿捐赠各种文献给国家图书馆，我们方才有现在的宏富馆藏。

清光绪二十七年玉情瑶怨馆刻本《巴黎茶花女遗事》

《茶花女》是法国著名作家小仲马的代表作。该书的中文译本，最早出自近代著名翻译家林纾之手，名为《巴黎茶花女遗事》。一般认为《巴黎茶花女遗事》最早的版本是光绪二十五年（1899）林氏家刻本，之后不久又有素隐书屋铅印本，第三个版本是光绪二十七年玉情瑶怨馆校刻本。关于前两个版本，大家关注的比较多，并且有相应的文章谈及。而关于玉情瑶怨馆校刻本却少有人关注。阿英在《关于〈巴黎茶花女遗事〉》（《世界文学》1961 年第 10 期）中指出："至丁可钧题署、王运长书签的玉情瑶怨馆木刻本，究为谁氏所刊，现在还未能查清。就刻工说，此本是较原本尤精的。"

玉情瑶怨馆刻本书签隶书题"巴黎茶花女遗事"，署"长沙王运长书眉"；书名页篆书题"巴黎茶花女遗事"，署"沅陵丁可钧题"；牌记页题"光绪辛丑秋玉情瑶怨馆校刻"。王运长（1874—1928），字翊钧，号寄觚，湖南长沙人，光绪贡生，清末民初湖南著名学者、藏书家叶德辉弟子。丁可钧（1859—1909前后在世），字石琚，一作石璩，又字小钝，湖南沅陵人，工篆隶，兼善摹印，光绪二十三年拔贡。王运长、丁可钧都是湖南人，因此笔者怀疑玉情瑶怨馆也和湖南人有关。

近日，笔者翻阅胡文辉著《陈寅恪诗笺释》（广东人民出版社 2013 年增订本），发现其中有一条资料，解决了阿英先生的问题，也证实了

巴黎茶花女遺事

曉齋主人歸自巴黎與冷紅生談巴黎小說家均出自名手生請述之

主人因道仲馬父子文字於巴黎最知名茶花女馬克格尼爾遺事尤

為小仲馬極筆暇輒述以授冷紅生冷紅生涉筆記之

小仲馬曰凡成一書必詳審本人性情描畫始肖猶之欲成一國之書必

先晰其國語也今余所記書中人之事為時未久特先以筆墨渲染使人

人均悉事係紀實難書中最關係之人匪無不幸殀死而餘人咸在可資以證

纖悉之事葢余有所受而然也余當一千八百四十年三月十三日在拉

非德見黃榜署拍賣日期為屋主人身故身後無人故貨其器物榜中亦

不署主人為誰准以十六日十二點至五點止在恩談街第九號屋中拍

賣又預計十三十四二日可以先往第九號屋中省識其當意者余素好

事意殊不在購物惟必欲一觀之越明日余至恩談街為時尚早士女雜

沓車馬已紛集其門眾人週閱之下既羨精緻咸有駭歎之狀余前後流

覽乃知馬已勾欄中人住宅也是時闐秀來者尤多皆頻頻注目蓋良窳判

別平時不相酬答而彼人華妝外炫閨秀咸已見之唯祕藏之處不可得

光緒辛丑秋玉情瑤怨館授刻

笔者的猜测。《陈寅恪诗笺释》是按照年代编排陈寅恪先生所作诗，并加以注释的。1963 年之末附录陈先生一首佚诗的诗题，内容为：

> 癸卯春病中闻有人观巴黎茶花女连环图画，因忆予年二十三旅居巴黎，曾访茶花女墓，戏赋一诗，今遗忘大半，遂补成之。光绪中林纾，原名群玉，仿唐人小说体译小仲马《巴黎茶花女遗事》，其文凄丽，为世所重。后有玉情瑶怨馆本，镌刻甚精，盖出茶陵谭氏兄弟也。

胡文辉先生引用胡守为先生《学识·品格·生活情趣——陈寅恪先生往事杂忆》中的一段话，为此诗题作注：

> 1963 年，陈先生卧病之后，为了调节精神，让人给他读小说作消遣。他提出读《茶花女》，而且希望读玉情瑶怨馆本。所谓'茶陵谭氏兄弟'，乃指谭延闿、谭泽闿兄弟，陈先生还提出要读初刻本，于是由中山大学图书馆何多源馆长出面，向湖南省图书馆商借。该本为木板朱印，镌刻特精。

陈寅恪先生推断玉情瑶怨馆与茶陵谭氏兄弟有关，而胡守为先生则明确指出谭氏兄弟即指谭延闿、谭泽闿兄弟。

翻检茶陵县志，近代史上茶陵谭氏最为著名的当属谭钟麟、谭延闿父子。谭钟麟（1822—1905），咸丰六年（1856）进士，官至直隶总督兼北洋大臣，系晚清重臣，卒后谥文勤。谭钟麟生有五子：长子宝箴，生卒年不详，宣统二年（1910）编刊《谭文勤公奏稿》时尚在世，附贡生，安徽试用道；次子宝符，光绪四年病逝，年仅十五岁；三子延闿（1880—

"玉情瑶怨"印

"玉情瑶怨馆藏书记"印

1930），字祖安，别号慈卫，初名宝璐，光绪三十年进士，曾任湖南都督，国民政府主席、行政院院长等职；四子恩闿（1882—1910），字祖庚，萌生，曾任陆军部员外郎；五子泽闿（1889—1947），字祖同，一字瓶斋，曾分部任郎中，工书善画。

光绪二十七年刊刻《巴黎茶花女遗事》之时，谭宝符已病逝，谭氏兄弟仅有宝箴、延闿、恩闿和泽闿。而泽闿当时只有十三岁，所以参与其事者，可能主要是宝箴、延闿、恩闿三兄弟。《茶陵谭公（延闿）年谱》记载这一年"公侍文勤公家居，仍从刘采九先生课文"，又说"三月，文勤公八十寿，不许称觞"。这一年谭延闿诸兄弟应该都在家。那么是三兄弟都参与刊刻之事，还是仅个别参与呢？

1982年，谭延闿之子谭伯羽、谭季甫将家传的名家手迹、拓本等名品，以及谭延闿手稿、印章等物捐赠给台北"故宫博物院"。2000年，台北"故宫博物院"编纂出版了《谭伯羽、谭季甫先生昆仲捐赠文物目录》一书。书中详细揭示了谭延闿先生所使用的上百枚印章。其中有两方印章颇有意思，一是第129枚"玉情瑶怨馆藏书记"石印，尺寸为：3.34厘米×1.54厘米×4.45厘米，边款为："怡父作"。一是第142枚"玉情瑶怨"石印，尺寸为：1.55厘米×1.54厘米×4.86厘米，边款为：

"老友冬心先生好古，披赏与予有水乳契也。客淮扬不见者三年矣。书来作此印答之。戊寅三月丁敬并记于无所住庵。时年六十有四。小松。"编者按语说："此印可能原由丁敬（一六九五至一七六五）于清高宗乾隆二十三年（一七五八，戊寅）篆刻，后黄易（一七四四至一八〇二，号小松）再刻。"依据这两枚印章，笔者推断，谭延闿获得黄易镌刻的"玉情瑶怨"之印后，以此命名自己的藏书处为玉情瑶怨馆。

由此我们可以断定，光绪二十七年主持刊刻《巴黎茶花女遗事》之人是谭延闿，而玉情瑶怨馆系其藏书之所。

《谭伯羽、谭季甫先生昆仲捐赠文物目录》所记谭延闿印章中不少出自丁可钧之手，如第 7 枚"谭延闿印"、第 8 枚"谭延闿印"、第 97 枚"慈卫生"印等等。第 7 枚的边款说"辛丑四月为组盦年叔仿汉，石璩可钧。"辛丑正是光绪二十七年。可见谭延闿与丁可钧的交谊。这一年谭延闿在刊刻《巴黎茶花女遗事》时请丁可钧题写书名，也就顺理成章了。

谭延闿的印章有部分出自近现代绘画大师齐白石之手。《齐白石自述》中记述了自己为谭氏刻印的故事，

光绪二十五年：

那时，黎铁安又介绍我到湘潭县城里，给茶陵州的著名绅士谭氏三兄弟，刻他们的收藏印记，这三位都是谭钟麟的公子。谭钟麟做过闽浙总督和两广总督，是赫赫有名的一品大员。他们三弟兄，大的叫谭延闿，号组安；次的叫谭恩闿，号组庚；小的叫谭泽闿，号瓶斋。我一共给他们刻了十多方印章。自己看看，倒还过得去。却有一个丁拔贡，名叫可钧的，自称是个

金石家，指斥我的刀法太懒，说了不少坏话。谭氏兄弟听了丁拔贡的话，就把我刻的字统都磨掉，另请这位丁拔贡去刻了。我听到这个消息，心想：我和丁可钧，都是摹仿丁龙泓、黄小松两家的，难道说，他刻的对，我就不对了么？究竟谁对谁不对，懂得此道的人自有公论，我又何必跟他计较，也就付之一笑而已。

及至宣统二年：

茶陵州的谭氏兄弟，十年前听了丁拔贡的话，把我刻的印章磨平了。现在他们懂得些刻印的门径，知道丁拔贡的话并不可靠，因此，把从前要刻的收藏印记，又请我去补刻了。

《谭伯羽、谭季甫先生昆仲捐赠文物目录》中第 43 枚印章"延闿之印"可作为上述之事的注解。该印的边款说："组盦年叔法家正谬。辛丑五月，小钝丁可钧。丁巳三月，白石老人齐璜重刻。"这枚印章丁可钧初刻于前，齐白石重刻于后。丁巳是民国六年（1917）。当时丁可钧应该已经故去，如果他知悉此事，不知会做何感想？

由于玉情瑶怨馆本镌刻精致，因而广受欢迎。不久就出现了盗版。盗版者以此为底本原样影印，基本不做改动。所以在鉴定此版本的时候需要特别注意。

清光绪记事照片册
《仓场验米图》

　　国家图书馆收藏新旧照片达 10 万多张，内容十分丰富，涉及近代以来中国社会的方方面面，是国家图书馆重要的特藏之一。此类照片主要由古籍馆舆图组负责采访、编目，典阅组负责管理。普通古籍大库中也收藏部分照片类文献，只是不是单张的，往往装订成册。比较有意思的是一部光绪时候的记事照片册《仓场验米图》。

　　1839 年摄影术在法国诞生。1844 年法国人于勒·艾吉尔到澳门谈判，拍摄了中国历史上第一张照片——耆英肖像。随后，在广州、上海等开埠城市陆续出现了照相馆，摄影业逐渐兴盛繁荣起来。在各种照片中，有一类照片，专记某一主题，汇集成册，是为记事照片册。比较有名的晚清记事照片册有《广东制造军械厂各厂机器图》《清西太后丧事录》《农事试验场全景》《京师自来水有限公司》《西湖各景》等。《仓场验米图》即属于此。另外，反映第一条由我国铁路工程师詹天佑主持建

造的京张铁路的《京张路工摄影集》也是记事照片册。

《仓场验米图》一册，折装，开本为高 40.5 厘米、宽 49.5 厘米。前后有木质夹板，夹板上镌刻书名"仓场验米图"。正文为八张照片、八张说明，一张照片后紧接一张说明，照片的尺寸为高 26.8 厘米、宽 37 厘米。八张照片说明的主题依次是：火车到京、分段验米、迎风销袋、米台宝祥、运米备验、卸米入廒、斛收进仓。书末为光绪三十一年（1905）长白桂春序文、刘恩溥跋文各一篇。照片说明文字和序跋文字都是楷体书写，影印而成。

桂春（1857—1913），满洲正蓝旗人，姓富察，字月亭。监生，光绪二年考取翻译中书，曾任军机章京、刑部主事、山东督粮道、正蓝旗汉军统领等职，光绪二十八年由户部左侍郎改任仓场侍郎，后改为民政

爰考海運之法實創於秦偶行於唐元始
用以足國明初用而旋罷我
朝定鼎沿明遺制東南漕賦遵淮渡黃溯南
北運河以達通州倉場侍郎率坐糧廳監
督莅通驗收由通惠河運至大通橋由大
通橋監督以舟車輸入各倉此舊例也同
治初改用輪船沙船由滬海運至天津由
津易撥船河運至通州久而撥船之弊叢
生歷任倉場幾窮補救之術而莫能挽焉
光緒辛丑華卿尚書方任是職與博泉侍
郎會同全權王大臣戶部議奏以昔年倉
儲積弊由於陳陳相因近時俸餉之糈歲
不過八十萬令各省折徵之外江浙二省
歲取漕白糧一百萬石納於京倉著為定
例因事鑒前車思毖後患乃令江浙運漕

部大臣。入民国后郁郁而终。桂春的这篇序文详细说明了晚清京城仓场运输与验收的变化过程，对于我们了解这八张照片及其背后的故事很有帮助，篇幅也不长，所以全文抄录于下：

爰考海运之法，实创于秦，偶行于唐，元始用以足国，明初用而旋罢。我朝定鼎，沿明遗制，东南漕赋遵淮渡黄溯南北运河以达通州，仓场侍郎率坐粮厅监督，莅通验收，由通惠河运至大通桥，由大通桥监督以舟车输入各仓。此旧例也。同治

悉用輪船行抵塘沽改用火車運京用裁
撤朝陽門外太平倉作為驗米處接京津
鐵軌直達其內火車朝發沽棧午至京局
昔日撥運之弊遂除豈非事窮則變變則
通之謂哉嗣二十八年冬華卿擢任尚書
而以春承其乏春讁陋寡聞懼弗勝任博
泉侍郎久任倉儲洞悉利弊遇事指示力
求整頓俾不致隕前功何其幸歟自改章
以後歲時開兌應夏及秋始克蕆事
督率員弁於炎著烈日之中躬親其事乃
自火車到京以至斛收運倉各攝小影分
為八幀附贅淺說兼述利弊非特為異日
雪泥鴻爪之留亦聊備他日考察政治者
證其得失云爾光緒三十一年歲次乙巳
八月長白桂春序

初，改用轮船、沙船由沪海运至天津，由津易拨船河运至通州。久而拨船之弊丛生，历任仓场几穷补救之术，而莫能挽焉。光绪辛丑，华卿尚书方任是职，与博泉侍郎会同全权王大臣、户部议奏，以昔年仓储积弊由于陈陈相因，近时俸饷之粗岁不过八十万，令各省折征之外，江浙二省岁取漕白粮一百万石纳于京仓，著为定例。因事鉴前车，思患后患，乃令江浙运漕悉用轮船，行抵塘沽，改用火车运京，用裁撤朝阳门外太平仓作为验米处，接京津铁轨直达其内。火车朝发沽栈，午至京局。昔

日拨运之弊遂除。岂非事穷则变、变则通之谓哉。嗣二十八年冬，华卿擢任尚书，而以春承其乏。春谫陋寡闻，惧弗胜任。博泉侍郎久任仓储，洞悉利弊，遇事指示，力求整顿，俾不致隳前功。何其幸欤！自改章以后，岁以春时开兑，历夏及秋，始克蒇事。督率员弁，于炎暑烈日之中躬亲其事，乃自火车到京以致斛收运仓，各摄小影，分为八帧，附赘浅说，兼述利弊。非特为异日雪泥鸿爪之留，亦聊备他日考察政治者证其得失云尔。光绪三十一年岁次乙巳八月，长白桂春序。

桂春序文中提到的"华卿尚书"指荣庆。荣庆（1859—1917），字华卿，鄂卓尔氏，蒙古正黄旗人，光绪十二年进士，曾官户部尚书、军机大臣、协办大学士等职，封太子少保，卒后谥文恪。《清史稿》卷 439 有传，并述及光绪二十七年辛丑的改革："二十七年，擢大理卿，署仓场侍郎。以剥船盗米，改由火车迳运，并仓廒，增经费，杜领米弊端，裁稽查仓务御史，皆如所请行。"

桂春序文中提到的"博泉侍郎"就是这部书的跋文著者刘恩溥。刘恩溥字博泉，直隶吴桥人，同治四年（1865）进士，历官御史、给事中、内阁侍读学士、鸿胪寺卿、通政使司副使、太仆寺卿等职，光绪二十四年七月任仓场侍郎，卒于三十四年。《清史·列传》卷 63 有传。刘恩溥的跋文认为"夫事贵善变，变而不善于因，则变之益不能持久也；抑事贵能因，因而不知能变，则因之益亦未必有当也；既变则贵善因，能因尤贵知变，不必即臻上理，而于孜孜求治之道，庶乎近矣"，夸奖荣庆"可谓善变者矣"、桂春"可谓善因者矣"，而自己"深赖同舟时相赞助，以免陨越"，编纂此书的目的是"以备考求利弊者指摘其得失，有以匡溥等之不逮云"。

《仓场验米图》编纂之时，作为当年改革的主持者荣庆已升任军机大臣、协办大学士。桂春、刘恩溥两人编纂此书，固有展示"改革成果"、总结经验教训的目的，当然也难免阿谀谄媚之嫌。由于该书制作精良，刊印数量当不多。除国家图书馆和故宫博物院有藏外，其他机构藏者寥寥。而近些年的拍卖市场上也未见踪迹，说明这部书确实非常罕见。

依据馆藏采访档案，这部《仓场验米图》为民国二十五年（1936）三月二十三日购自五洲书局。孙殿起《琉璃厂小志》第四章"贩书传薪记"中记载有河北枣强人李振海创办的五洲书局，不知是否即从此家购得。

注释：

1.关于我国早期摄影史以及记事照片册，可以参考江向东《清末纪事照片贴册》（《中国档案》2000 年第 6 期）、王炜《清末北京摄影活动探究》（《北京学研究文集》2005）、宿志刚等编著《中国摄影史略》（中国文联出版社 2009 年版）等论著。

2.桂春的早期履历，可参考《清代官员履历档案全编》（广西师范大学出版社 1997 年版）第 5 册 722 页、第 6 册 211 页。

清汪兆镛稿本《晋会要》

国家图书馆古籍书库中庋藏有一部汪兆镛稿本《晋会要》，系1953年新加坡华侨李绳毅捐赠国家，由国家文物局拨交国家图书馆的。其间的经手人包括陈君葆、徐伯郊、郑振铎等。现根据新入藏的徐伯郊旧藏郑振铎等抢救流散香港往来信札，以及《陈君葆日记全集》等资料，简要叙述稿本《晋会要》捐赠入藏始末。

汪兆镛（1861—1939），字伯序，一字憬吾，自号慵叟，晚号今吾、清溪渔隐，晚年名所居为微尚斋，广东番禺（今属广州）人。岭南学派著名学者，汪精卫同父异母之兄。曾就读于学海堂，为陈澧弟子，光绪十五年（1889）举人，两次参加会试而不售，以习刑名学客居赤溪、遂溪、顺德各县，岑春煊任两广总督时延请入幕府，掌章奏之职。辛亥后，避居澳门，以清朝遗老自居，耽于旧学，勤于著述。兆镛博闻强识，尤精史部书，长于考据，多发人所未发。所著有《孔门弟子学行考》《广东

元遗民录》《晋会要》《碑传集三编》等十余种。今人整理有《汪兆镛文集》《汪兆镛诗词集》。汪氏传记，见《微尚老人自订年谱》及张学华《诰授朝议大夫湖南优贡知县汪君行状》、张尔田《清故朝议大夫湖南优贡知县汪君墓志铭》等。

《晋会要》二十册，所用稿纸版心镌"顺昌"字样，卷前有叙例、光绪三十三年自叙。首叶粘贴字条一纸，墨笔书"番禺汪憬吾孝廉手抄遗著"，书末附录铅印张学华所撰行状。全书列目十七门，分为五十六卷：卷一至二帝系、三至十四礼、十五至十七乐、十八至十九兵、二十至二十一刑法、二十二至二十三食货、二十四至二十五选举、二十六至二十九职官、三十至三十一封建、三十二至三十三民事、三十四至三十六文学、三十七至四十经籍、四十一至四十二金石、四十三至四十四术数、四十五至五十四舆地、五十五四裔、五十六大事。此书征引广博，完整揭示了司马氏一朝典章制度的沿革损益。

关于《晋会要》的卷数，张学华所撰行状载"《晋会要》六十卷《序目》一卷"，《微尚老人自订年谱》光绪三十三年也说"纂《晋会要》六十卷《叙目》一卷"。何以所见为五十六卷？究其原因，应为原稿是六十卷，最后定稿为五十六卷。伦明《辛亥以来藏书纪事诗》"汪兆镛"条说："尝积数十年之力，著《晋会要》，

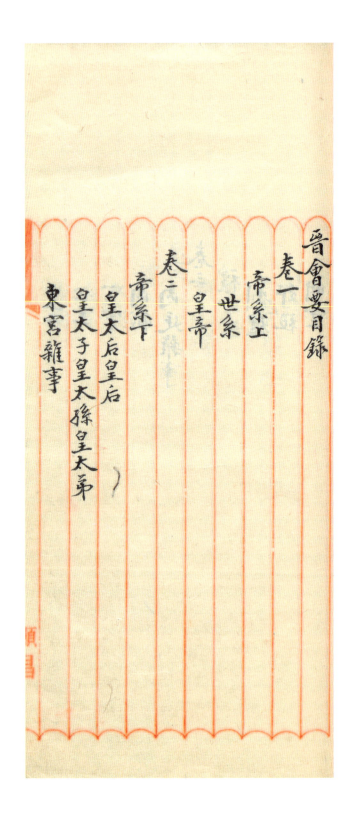

晉會要目錄

卷一

帝系上

世系

皇帝

卷二

帝系下

皇太后皇后

皇太子皇太孫皇太弟

東宮雜事

不知已写定否？"此稿本自叙中有关卷数和门目数上恰好有修改之处，说明此书在其晚年还进行了修订，最终确定为五十六卷。

《晋会要》捐赠的主要经手人是陈君葆先生。陈君葆（1898—1982），生于广东香山（今属中山），后随父移居香港，曾任香港大学冯平山图书馆馆长、中文学院讲师等职，是香港文化界知名人士、著名学者、教育家。抗战时期，郑振铎先生等抢救的珍贵文献邮寄到香港，主要是许地山和陈君葆负责接收、保护；新中国成立初期，陈君葆先生也参与了抢救流散在香港的珍贵文物。陈君葆先生在《陈君葆日记全集》中对于《晋会要》的捐赠过程有详细的记载。

1951年12月11日《陈君葆日记全集》载："拆阅汪希文寄来的书，有区大相《太史集》，未刻过，疑从徐伯郊所藏得来。《晋会要》待看过才能订价钱。"这说明汪兆镛卒后，《晋会要》稿本传至汪希文之手。汪希文是谁？他是汪兆镛的第五子汪宗藻（1890—1960），抗战时期随其叔父汪精卫沦为汉奸，出任伪职。抗战胜利后流落香港，于1960年服安眠药自尽。当时汪希文应该生活困窘，方才会联系时任港大冯平山图书馆馆长的陈君葆，拟出售藏书。汪氏转让给冯平山图书馆的主要珍贵文献是一批嘉业堂旧藏之物。这也成为现在冯平山图书馆的重要馆藏之一。

陈君葆先生在《悼念郑振铎先生》一文中，详细说明了自己与郑振铎先生交往的经过："我认识了郑振铎先生，可以说是一九三九年便开始了，虽然一直到十二年后我们才第一次在北京握手。"（《陈君葆全集·文集》第647页，广东人民出版社2018年版）1951年7月16日，"文物局见到了郑振铎"。这就是两人的初次见面。第二天，"晚赴西四牌楼同和居，郑振铎与王冶秋请客。与王重民谈北京图书馆事，宋云彬也谈了一下，再看到他离不开的烟斗！"在这次会面上，笔者猜测，郑振铎先生应该提及请陈君葆先生注意搜集香港珍贵文献的信息之事。由此，1952 年 1 月 28 日，陈先生在致郑振铎的信中，"（谈）及拟购汪憬吾遗著《晋会要》手抄本"。

1952 年 9 月 23 日，陈先生"交了购汪憬吾《晋会要》手稿费五百元与希文"，正式购买了稿本《晋会要》。12 月 9 日，"伯郊来取画，因托他连汪憬吾先生所著的《晋会要》二十册也带到广州去交给杜厅长（指杜国庠，时任广东省文教厅厅长——引者注）一看"。只是其间怎样由李绳毅先生捐赠国家的，尚不得而知。不过，在 1953 年 1 月 15 日日记中，陈先生说："今日李绳毅与魏振珊女士结婚，于金陵酒家设宴，我是很少去赴结婚或相类的喜酒的，但这次要例外了，我总想能够争取到绳毅能为国家民族效力。"李绳毅先生，新加坡经济学家，曾就读燕京大学、清华大学、伦敦大学。

徐伯郊先生将稿本《晋会要》带出香港、从广州寄往北京后，十分关注进展情况。他在与郑振铎先生的来往书札中多次谈及：1 月 5 日徐伯郊说："《晋会要》已寄上，不知收到否？同时奖状之类的文件，是不是可以这次带港。"1 月 21 日又问："八号信及两周前寄的《晋会要》两大包，不知收到否？"2 月 12 日说："华侨李绳毅捐献《晋会要》想已收到。希望部或局办一个奖状之类的文件寄下，以转交。这是鼓励捐献的最好方法。"

陈君葆先生也十分关注捐赠的进程。1 月 23 日，"信与启芳，夹上一封致杜老，托叶启芳把十种书转送他，又询问他曾否看到伯郊携去的《晋会要》稿本"。到 2 月 3 日，"中央文化部寄来转给李绳毅奖状一件，然则《晋会要》一书已转到北京去了"，如此他才放心。2 月 11日，陈先生在日记写到："晚李绳毅两夫妇到访，他已收到我给他的通知信，所以今日他来，我便把文化部社管局寄来的信和褒奖状交他。"

晉會要第一

帝系上

世系

番禺　汪兆鏞　伯序　纂

司馬氏其先出自帝高陽之子重黎按史記自序索
隱云重司天而黎司地■春秋左氏傳重是少昊之子黎是顓
頊之允二氏所出各別干寶云司馬氏黎之後是也正義亦引司
馬彪序云南正黎後世為司馬氏晉書併稱重黎誤矣為夏
官祝融歷唐虞夏商世序其職及周以夏官為司馬
其後程伯休父周宣王時以世官克平徐方錫以官族
因而為氏宣紀惠襄之間司馬氏去周適晉晉中軍隨

捐赠之事方才告一段落。

证书交给李绳毅之后，捐赠事宜应当就此了结了。不过恰恰这个时候出现了问题。陈君葆当晚对证书上的册数提出了疑问："有一点，我倒觉得奇怪，我记得交给伯郊带去的《晋会要》是二十册，但褒奖状上却写着'十册'，难道寄到广州去时伯郊改装过，抑或京里的人误听误记，这一点倒要查一查。"

4月2日，陈君葆致函文化部社会文化事业管理局询问此事。5月29日，社会文化事业管理局对此专门回函予以致歉："四月二日来函祗悉。李绳毅先生所赠的《晋会要》确系二十册，已经点收无误。因覆函时笔误，写为十册，以致发生疑问，已责令各该主办同志分别检讨，改进工作，不得再犯。请转覆李君，并致歉忱。又该书已发交北京图书馆入藏，并此附告。此致陈君葆先生。中央人民政府文化部社会文化事业管理局，一九五三年五月二十九日。"（《陈君葆全集·书信集》第751页）6月10日，徐伯郊给陈君葆捎来了改正之后的褒奖状。由此《晋会要》的捐赠方才画上圆满的句号。

1954年9月12日，汪希文致信陈君葆，询问如果《晋会要》付印，作为原主能否取回四五十部。16日，陈君葆通过电话找到汪希文，告知他此书已经由购买人献给了人民政府，并解释了其中的误会："第一，原拟由港大收购，因此如果印行自易为力，但亦未明言应送回若干部，只允为向港大当局说明并提议而已。第二，其后汪又急于要成交，其时书已由李君承买并决定献与人民政府，自然赠回若干部当由政府决定，且何时印行及印行与否亦应由文化部决定。第三，到那一阶段时，汪亦未提及赠回若干部与原主一事，而我亦忘却当时有此一议了。这事，我只好将汪希文的信一同寄往北京候文化部定夺。"11月17日，陈君葆致函郑振铎，其中即提到汪氏的问题，并附录了汪氏来函等。至于郑振铎如何回函的，我们不得而知。

1988年，书目文献出版社（现国家图书馆出版社）以"稿本晋会要"为名，将此稿本影印出版，书前有伍跃撰写的《影印说明》。藏于书库三十余年的稿本《晋会要》得以化身千百，为人所知。第二年，书目文献出版社总编辑冯惠民在《文献》1989年第2期上发表了《汪兆镛的稿本〈晋会要〉》一文，对该书价值进行了详细的评析。

注释：

1. 汪兆镛《微尚老人自订年谱》、张学华《诰授朝议大夫湖南优贡知县汪君行状》，收录在邓骏捷、陈业东编校《汪兆镛诗词集》（广东人民出版社2012年版），可参考。

2. 关于李绳毅的生平，李绳毅《回忆在燕大学习的岁月》（载《燕大文史资料》第九辑，北京大学出版社1995年版，第388-390页）略有涉及。

3. 徐伯郊致郑振铎书札内容，可参见《观想——中国书画四海集珍》（中国嘉德香港2019年秋季拍卖会），第1401-2-3、1401-2-5及1401-2-10号。

民国稿本《戌溪日记》

国家图书馆普通古籍中有不少稿本日记在编目时未著录著者。有一段时间，笔者对于考证日记著者乐此不疲，曾经研究了几部稿本日记，有的花费大量时间仍然没有丝毫进展，也有柳暗花明最终考证出来的。稿本《戌溪日记》就是终有结果的例子之一。2006年学苑出版社出版的《历代日记丛钞》第173册收录此书，仅著录为佚名著。笔者经研究确认，《戌溪日记》的著者是民国浙江慈溪人童赓年。

《戌溪日记》的索书号为41099，五册，卷端题"戌溪日记"，未署著者。第一册起四月初一日，止五月廿九日；第二册起七月初一日，止七月三十日；第三册起八月初一日，止八月十四日；第四册起十月初一日，止十月初二日；第五册起丙辰年正月初一日，止二月三十日。日记的内容绝大部分是读书笔记，只有一小部分记述著者生平与交游之事，难怪此书分类没有归入史部传记类，而是归入子部杂家类。

戌谿日記

四月初一日晴

小橋伯母年六十七歲清明前一日逝世堂弟夢承奔喪自
上海歸囑余撰哀輓一聯懸掛靈前勉力成之映云茶蓼集
中年痛吾父云云伯仲皆逝筑孤兒方期愛日方長稍盡
旨甘供菽水桑榆促暮景悲諸婦易賣孫曾啼泣淹淹一息
詎料春風多屬可憐恒化近清明語在急就不必論其工拙
也

四月初二日晴
郎瑛七修類稿馬浩瀾嘗言少時夜行忽聞春鳥有聲見青天

戍溪，清人顾祖禹《读史方舆纪要》卷九十二"慈溪县"条载："戍溪山在县西南三十五里，晋刘牢之讨孙恩尝戍于此，下有戍溪"。又《戍溪日记》（以下简称《日记》）第五册正月十三日记："余辰刻由上河船至甬，已十句钟矣。下午趁火车至庄桥车站，缓步归家。"《中国古今地名大辞典》"庄桥镇"条载："在浙江省宁波市江北区中部……萧甬铁路、甬余公路经此。""甬"为宁波别称，慈溪现为其下属的县级市。根据上述两条资料，可以断定著者当为宁波人，甚至慈溪人。

《日记》第五册二月十七日记其祖先，提到："杏村公讳鸿逵，嘉庆庚申举人"，"慧照公讳文灯，乾隆壬子举人。"光绪《慈溪县志》卷二十一"选举下"之"国朝举人"记载乾隆五十二年（1787）壬子科中式举人有两位：宓如春、童文灯，嘉庆五年（1800）庚申恩科中式举人有四人，分别是：方华钦、童鸿逵、冯书香、陈雄飞。童文灯和童鸿逵都可与日记所记对应。由此可断定《日记》的著者为童氏。

《日记》第五册二月十六日载著者先祖笠邨公友朋所作诗时，记有白榆作诗句"燕诏冀后据家声"，下有注："文孙佐宸从余游已阅四年。""佐宸"或即为《日记》著者。以此两字在"中国基本古籍库"中检索，检得俞樾《春在堂杂文》六编卷十有《童寄梅六十寿序》一文。该文言童寄梅为慈溪人，其父生三子，寄梅最少；又言伯仲兄先卒，丧葬之事多由其力为；又言延请名师教育子侄，花费巨资买书五六万卷以为参考，"岁在辛卯，其兄子佐宸孝廉以第十人举于乡，君之力也"；又言寄梅在粤东大力资助爱育堂、仁济院等医院。俞樾之文所述，与《日记》多有吻合之处，如《日记》第五册正月初八日载"先父四十二岁弃养，先二叔三十七岁、先三叔五十三岁逝世"，又如前引白榆诗句又有"鲤对惜今成市隐"，其下注云："三嗣季眉善读书，今弃举业客羊城。""季眉"与"寄梅"音近。

戌谿日記

詩經曰皇矣上帝臨下有赫監觀四方蕩〻上帝下民之辟上

帝既命侯于周服惟此文王小心翼〻昭事上帝上帝臨汝

無貳爾心書經曰惟皇上帝降衷于下民予惟小子不敢替

上帝命帝乃震怒惟上帝不常作善降之百祥作不善降之

百殃禮記曰類乎上帝祈穀於上帝易經曰聖人亨以享上

帝此是造化之真主非似泥塑木偶之冥漠无靈也天主耶

穌名教敬奉天主不必厚非

正月初二日微雨

据《浙江乡试录（光绪十七年辛卯科）》载，该年乡试录取"第十名童赓年，年二十七岁，慈溪县学附生"。光绪《慈溪县志》卷二十一记载光绪十七年（1891）辛卯科举人有童赓年，其下注："字佐辰，太平教谕。"俞樾文中的"佐宸"当即指童赓年。由此，可以初步判定《戍溪日记》的著者为童赓年。

《中国家谱总目》记载童赓年撰有《慈溪鸿门童氏宗谱》十七卷首一卷，民国十八年（1929）厚本堂木活字本，河北大学图书馆、浙江省宁波市天一阁文物管理所收藏。经联系，天一阁饶国庆兄为笔者提供了家谱中的相关资料。通过家谱的记载，我们对童赓年的家世有了详细的了解。

《慈溪鸿门童氏宗谱》记载了童赓年的世系情况：

祖父谱名谦榛，官名师曾，字瞻荥，号笠邨，道光二十七年由附贡生捐授中书科中书，生于道光元年三月二十一日，卒于光绪三年十二月初四日，生子三：逊廉、逊隅、逊介，女一。

其父名逊廉，号燮堂，国学生，生于道光二十二年十二月二十三日，卒于光绪十年正月初四日，享寿四十三岁。

童赓年谱名勤辅，官名赓年，字佐宸，号柘塍，光绪十五年入为邑庠生，中光绪辛卯科第十名举人，授台州府太平县教谕，兼署黄岩县训导，历署台州府学教授，民国己巳纂修宗谱，生于同治元年十月初二日，卒于民国十九年三月初三日，生子二、女四。

童赓年长子名慎枢，字枢桓，号课青，生于光绪十四年八月初二日，卒于民国五年二月二十六日，生子一，名善本，女一，适卢。《日记》丙辰五年二月二十六日载："长儿课青今日先我而逝"；次子名慎机，字支垣，号葭青，生于光绪十九年十一月十三日，生子二、女三。

在该家谱的《序》中，童赓年提到了自己的经历："余远官台铎，辛亥鼎革归里，埋忧土室已阅卅年，设馆授徒，饥驱奔走，还我本真，不欲出而问世，虽台属门生敦请余就职盐知事，每以老寡妇不合时世妆却之。今年春，倦鸟知还，适族人有修辑宗谱之请，既可却聘，又可联宗，竟七十年未竟之绪，亦义所不容辞也。"

综上，童赓年中举后，曾任职台州，辛亥革命后辞职回家，于各地设馆教书为生，一生官位不显，且多活动在浙江地区。

国家图书馆古籍馆善本馆藏中藏有童赓年著稿本《慈溪童柘叟遗著十三种》二十一卷，十九册，索书号为09011，书中贴有"约园藏书"的书签，知为张寿镛先生旧藏。另查采访档案，此《戌溪日记》也是张先生的旧藏。张寿镛（1876—1945），字咏霓，别号约园，浙江鄞县（今属宁波市鄞州区）人，民国时曾官至财政部次长兼江苏财政厅厅长，创办光华大学，编刊宁波地方文献丛书《四明丛书》，藏书颇丰，是知名文献学家。1953年，张寿镛先生夫人蔡瑛女士将约园藏书3768种45417册捐献国家，受到国家的褒奖。内有部分归国家图书馆收藏，上述这两种书即出其中。

张寿镛先生《约园杂著三编》卷二中有"童柘叟遗著十八种"，对于其人其书叙述颇详："柘叟名赓年，慈溪人也。光绪辛卯科举人，官太平县教谕。曩年尝与江亭芙师（仁徵）、冯莳香孝廉（毓孳）为消寒集于燕京。及余司浙计时，相会于杭垣，先出郑耐生（乔迁）家旧藏《画继》十卷、《剡源文钞》为赠，其后更以己所藏全谢山《鲒埼亭诗集》板片归余。余不敢私，移藏上海四明旅沪同乡会。本与会友张申之约定先印五十部，然未果也，不行柘叟逝矣。其子葭甫更以遗书赠余。余于刻《剡源文钞跋》已详言之。余负柘叟实多矣。今汇其遗著，略识于下……最完整者为《归田老人诗话》五卷，余得柘叟遗著，既不能遍刻之，当先将《诗话》刊入《四明丛书》焉。乙酉春，约园。"

民国二十年辞官后，张先生花费主要精力在编刊《四明丛书》上，以保存乡邦文献。及至其病逝时，第七集已经出版，第八集尚未刻竣，由其后人续刊面世。国家图书馆普通古籍中藏有约园抄本《归田老人诗话》五卷（五册，书号 104285），当是计划收录《四明丛书》中，可惜已经不及矣。

注释：

关于约园藏书的捐赠之事，可参考俞信芳著《张寿镛先生传》（北京图书馆出版社2003年版），该书前面的插图有文化部颁发的"褒奖令"。

民国粘贴本《清代名刺汇订》

名片之用，古已有之，只是名称不同罢了。以往整理书札的时候，常见其中夹有数张写有文字内容、权当书札的名片，大概类似现在的"留言"。近日见普通古籍馆藏中有一部民国时期的粘贴本《清代名刺汇订》，颇有意思，现简要介绍如下。

《清代名刺汇订》，侯植忠辑，民国二十六年（1937）粘贴本，五册，索书号为122535。扉页有"廿九年八月廿三日由参考组送来"字样。前有侯植忠所作"序"，于名刺历史渊源和此书内容叙述颇详，抄录如下：

> 古人通名本用削木书字，汉初谓之谒，汉末谓之刺。汉以后虽用纸而仍相沿曰刺。唐刺用纸阔二三寸，书姓名于纸上，反卷如箸，以红绒要之，凡谒人必先向门者通达，谓之投刺。曰反卷如箸者，盖犹存削木遗式也。逮明刘谨用事，百官门状

启礼悉易白纸而用红纸。王阮亭《香祖笔记》记载有翰林故事，坊局以上乃用红柬为刺，庶常只用白云云之事，尚可信也。有清入关，士庶不分，尽亦尚红，惟翰林名刺字大而工，见《朝市丛载》"名片"条。当时好书者姓名自写，不善者亦倩书家代之。虽片屑墨迹，人亦珍宝。欧风东渐，为携带便利，改用缩小白纸，爵里、姓氏约列刺前，多由印字局承办，或石印，或铅印，斯后鲜有自书者。

今春编理馆藏旧存档册，内有清人名刺甚夥。最近王念伦先生又惠赠七十余刺。此皆光绪庚寅科进士范迪襄先生家藏旧物，数合达二百五十左右。时起乾隆，终止民国初年。厘装四册：有启事，或借红启事，其人可考者一册；借红人姓氏、籍贯不知者一册；通名无启事者别为二册，更为检阅便易，就每名刺姓氏首字笔画多寡定前后，再依永字八法顺序排列。每名刺前小传附焉。民国二十六年春季，侯植忠记于国立北平图书馆。

全书第一册主要为目次，后粘贴部分名刺；第二至三册所粘贴名刺上前面为姓名，背面为寓所地址，且多有内容；第四至五册所贴名刺除了名字外，则没有什么信息。整理者所作小传看来还是花费了一番功夫。本书所收名刺中，有不少是晚清名人，如第一册有范鸣龢、许蓉镜，第三册有朱益藩、李鸿章、李盛铎、吴士鉴、吕佩芬、范迪襄、耆龄、翁同龢，第四册有郭尚先、许应骙、张之万、张之洞、曾国藩、钱应溥等人。

《清代名刺汇订》的整理者侯植忠生平不详，《北京图书馆馆史资料汇编》记载侯植忠在馆时间为"1933.12—1934.5"，恐怕不准确。《国立北平图书馆职员录》1932、1935、1941—1946等年份都没有记载侯植忠的名字。馆藏有一部侯植忠整理的清抄本《总署奏底汇订》（书号：

序

古人通名本用削木書字漢初謂
之謁漢末謂之刺漢以後雖用紙兩
仍相沿曰刺唐刺用紙濶二三寸書
姓名於紙上反卷如箸以紅絨要之
凡謁人必先向門者通達謂之投刺
曰反卷如箸者蓋猶存削木遺式也
逮明劉瑾用事百官門狀啓禮悉易
白紙而用紅紙王阮亭香祖筆記載
有翰林故事坊局以上乃用紅柬為

普 4992），前面也有侯氏"序"，序文先介绍总署的沿革，后说明整理的经过，体例与《清代名刺汇订》"序"的体例相同。侯植忠"序"内言"今夏整理馆藏档册，内有总署奏底折件七百，此总署档房供事缮写者，自同治五年至光绪十年，邦交之事居多"，末署"民国二十八年夏季侯植忠识"。此外，馆藏中有一部 1955 年由北京图书馆参考研究组油印的《国学论文索引五编》，系侯植忠编辑。关于侯氏的生平事迹，目前只找到这些。

侯植忠"序"中提到王念伦惠赠名片事，且言这批名片都是范迪襄家旧物。王念伦即王祖彝。王祖彝生于清光绪十五年（1889），字念伦，河北文安人，曾任国立北平图书馆文书组组长等职。范迪襄（1858—？），字赞臣，号稷山，原籍浙江绍兴，生于湖北江夏，光绪十六年进士，曾任外交部主事。国家图书馆藏有范迪襄稿本多种：《范赞臣日记》《京兆应举记》《读史撮要》《廉让闲居书录》《毛诗异同疏正》《圣域述闻续编》《清暇录》等，都是民国二十七年王祖彝先生所赠。王祖彝和范迪襄究竟是什么关系呢？据民国二十五年铅印本《文安王氏宗谱》记载，王秋元生子三：长珊，次璐，三璞。王珊生子一佑曾，佑曾第四子为王祖彝；王璞生子一福曾，福曾生女二，"长适湖北江夏县、光绪庚寅科进士、外务部主事范迪襄"。由于这种姻亲关系，范迪襄去世后，后人将其手稿通过王祖彝全部捐赠给了当时的北平图书馆。

注释：

关于范迪襄的卒年，馆藏《范赞臣日记》记至 1935 年，而范氏手稿于 1938 年捐出，说明范迪襄去世时间在 1935—1938 年间。

西谛写刻本
《西谛所藏善本戏曲目录》

郑振铎先生十分重视目录书的收藏。《西谛书目》著录了他所藏的目录之书近三百部，已然蔚为大观。郑先生还重视目录书的编纂，不仅编纂各种专题目录，而且还编纂自己的藏书目录。郑振铎先生手写上板的《西谛所藏善本戏曲目录》即为其中之一。

顾名思义，《西谛所藏善本戏曲目录》收录的是郑振铎先生所藏的珍贵戏曲文献。该书分为杂剧、传奇、曲选、曲谱、曲话曲目五个部分，每个部分按照版本类型明本、清本、抄本分别归类，总计著录善本戏曲三百余部。全书正文十九叶，前有书名叶一叶，后有跋一叶、附录一叶。正文末有"西谛手录上板"字样，全书通篇文字都出自郑先生之手。关于郑先生的书法，徐调孚先生在《闲话作家书法》（载《万象》1944年3卷7期，署贾兆明）一文中有生动的描述：

可是话得说回来，郑振铎的钢笔字原稿，固然乌里乌糟，人家见了喊头痛，但他的毛笔字，说句上海话，写得真崭呢！不由得不叫人见了暗地里喝一声彩。他的字，颜鲁公体是底子，再加上写经体，铁画银钩，左细右粗，虽不及疑古玄同的精美，但功力也不小。你如果在三马路一带旧书铺子里买一本《西谛所藏善本戏曲目录》，就可看到他的笔迹了，听说这本书从头到底是他自己亲笔缮写了付木刻的。再有世界书局出版的一本《小说戏曲新考》（赵景深著），里面也是他题的字，并且还署一个名字，你看了就可证明我的话决不假。

现在留存的郑先生手迹不少，但是由他手写上板付刻之书，仅此《西谛所藏善本戏曲目录》。郑先生在"跋"中对此书的编纂缘起叙述详细：

> 余性喜聚书。二十年来，节衣缩食所得，尽耗于斯。于宋元以来歌词戏曲小说，搜求尤力。间亦得秘册。唯一书之获，往往历尽苦辛。有得而复失，失而复于他时他地得之者；有失而终不可复得者；有始以为终不可得，而忽一旦得之者；有初仅获一二残帙，于数月数年后始得全书者。盖往往有可喜之奇遇焉。人声静寂，一灯荧荧，据案披卷，每书几皆若能倾诉其被收藏之故事。尝读黄荛圃藏书题跋记，于其得书之艰，好书之切，深有同感。二十一年正月，丁上海之役，历年友好贻惠之著述，与清末以来之印本，胥尽于一炬，而所藏他书，以别度北平，获色于难。收书之兴，亦未少衰。五年来所获滋多于前焉。前夏举室南迁，藏书亦捆载而南。以所寓湫狭，将非所日需之图籍万数千册移储东区。不意今乃复丁浩劫，其存其亡，

渺不可知。连日烟焰冲天，炮声动地，前方将士正出生入死，为国捐躯，区区万册图籍之存亡，复何足萦念虑，而歌词戏曲小说诸书，以藏于蜗居，独得幸免。抗战方始，此区区之幸免者，又安能测其前途运命之何若耶。唯中不乏孤本稿本，历劫仅存者。先民精神所寄，必不忍听其泯没无闻。爰竭数日之力，先写定所藏善本曲目如右。通行刊本千余种，均摒去不录。呜呼！书生报国，不徒在抱残守阙。百宋千元之弘业，当待之驱寇功成之后。中华民国二十六年八月二十四日，郑振铎跋。

郑先生撰写跋文的时间为 1937 年 8 月 24 日，当时全面抗战已经爆发，上海正处于战火之中。先生回顾自己藏书的经历与艰辛，感慨藏书毁于战火的境遇，赞叹前方战士抗战的英勇，并表达编此书目以保存先人精神的决心。郑先生此举，也是"书生报国"的体现。

郑先生此篇跋文，随后又发表在 1937 年 10 月 26 日的《救亡日报》上。《救亡日报》是上海市文化界救亡协会主办的一份报纸，郑先生为创刊人之一，曾多次为该刊撰写稿件。1984 年上海古籍出版社出版的《郑振铎古典文学论文集》据此收录，署名为"跋所藏善本戏曲目录"。

关于这部《西谛所藏善本戏曲目录》的刊刻情况，遍检《郑振铎全集》及郑先生日记，都没有提及。幸运的是，2018 年 6 月中贸圣佳春季艺术品拍卖会第 2262 号拍品朱印本《西谛所藏善本戏曲目录》（此拍品又见 2014 年泰和嘉成春季艺术品拍卖会，惜未见题跋页），书前有郑先生的朱笔题跋，为我们补充了这方面的信息：

> 离乱颠沛中丛书一室，编为此目。既写定，乃持至山东路
> 一刻字肆镂版，时工人皆散归，肆主初不欲应，强而后可，越

西諦所藏善本戲曲目録

西諦所藏善本戲曲目錄

雜劇之部

明本

元曲選一百卷四十册附圖二册萬曆四十四年刊本

古今名劇合選柳枝集二十六種酹江集三十種二十册

　孟稱舜編　崇禎六年刊本

重刻元本題評音釋西廂記二卷四册　隆慶間劉龍田刊本

全像註釋西廂記二卷四册萬曆間羅懋登註釋本

王李合評北西廂記二卷二册萬曆間刊本

北西廂記二卷四册萬曆間刊本

《西諦所藏善本戲曲目录》

137

一月余方告成，自以朱、墨刷印，竟不能成一叶，乃付荣宝斋，以朱、蓝二色各印二十许部，分贻友好。越一载，以需款救赎他书故，竟以此目中珍品六十余种归之袁君同礼。毕生精力所聚之曲藏，为之失色。书去之日，怅惘不已。呜呼！目成书去，何忍再阅此目乎？转念自我得之，自我失之，固胜于大担论勋也。难寻几世好书人，但要得所，复何憾哉！舒岱欲得此目，辄书此贻之。谛。

　　题跋中提到《西谛所藏善本戏曲目录》仅刷印了朱、蓝各 20 部，总计也不过 40 部，说明此书存世不多。此部为郑先生送给"舒岱"的。舒岱是徐微的笔名。徐微是郑振铎任教暨南大学时的学生，"孤岛"时期担任郑先生的助手，协助先生抢救珍贵文献、整理藏书。

　　郑先生编刊此书本不为出售，主要是为了存目之用，所以印刷数量不多，流传也不广。国立北平图书馆主办的《图书季刊》直到 1939 年 12 月的新 1 卷第 4 期才在"图书介绍"栏目中对此书进行介绍，称赞道："统观全目，足称大观，亦研究戏曲史之重要资料也。"

　　黄裳先生在《谈"题跋"》（《读书》1979 年第 9 期）一文里谈及《西谛所藏善本戏曲目录》出版的一段逸闻：

　　　　此书刻成于一九三七年秋，共二十二叶。刻成后只印了少量的蓝印本。那木板就寄存在上海的来青阁书店里。书店的老板怕这篇跋惹祸，就把刻了跋的那块木板毁掉了，剩下来的二十一块木板却还在。抗战胜利以后，来青阁又曾用这旧板印过少量的蓝印本，但已经没有原跋了。

黄先生说"刻成后只印了少量的蓝印本"，根据上述郑先生的题跋以及实际的存藏之物，当不准确（这一点肖伊绯《半世心血　题跋之谜》一文业已指出，参《中国商报收藏拍卖导报》2016 年 1 月 6 日）。而撤去跋文一叶，恐怕并非空穴来风。国家图书馆藏有多部《西谛所藏善本戏曲目录》，其中还真有一部缺少郑先生的那叶跋文，说明这一部可能是在抗战胜利后刷印的。

在编纂善本戏曲目录之后不久，郑振铎先生又编纂了《西谛所藏散曲目录》。书末有先生 1937 年 8 月 31 日跋。此目录的编纂目的与善本戏曲目录一样，都是为了保存先人的著述。先生在跋中提到："遂以数日之力，写定此目，并手自刷印十余册分贻友好。"看来散曲目录更为少见。陈福康先生在《郑振铎年谱》1937 年 8 月 31 日条下说："为所编《西谛所藏散曲目录》作跋。该目录由他手写后木刻，线装一册、自印出版。另又出有打印本。"国家图书馆藏有四部四册《西谛所藏散曲目录》，线装，都是先生遇难后由其家人捐赠的。其中有一册上面还有"燕京大学图书馆惠存　郑振铎敬赠　二十六年九月二十一"字样，说明先生原计划将此册赠送给燕京大学，后因故未如愿。这几部《西谛所藏散曲目录》通篇也是郑先生手书，不过似乎不是刻木刷印的，而是采用现代印刷技术印制的。

章梫《康熙政要》的
批校本及其他

　　2013 年 5 月前后，接馆办公室通知，说章梫后人欲了解此前捐赠我馆的《康熙政要》保存情况。经查询采访档案，得知 1965 年张颖女士曾捐赠三种《康熙政要》，一为宣统二年（1910）铅印本，十二册，书中有朱笔圈点批校；二为抄本，十二册；三为瞿鸿机手稿《康熙政要序》等，一卷。经上网查询，得知捐赠者张颖是章梫的孙媳妇，曾担任外交部新闻司副司长，丈夫为原外交部副部长章文晋，公公章以吴与周恩来总理是南开中学的同学，婆婆朱淇筠是朱启钤二女儿。在正式答复馆办之前，笔者将这三部书都认真翻阅了一遍，觉得十分有价值。

　　章梫（1861—1949），初名桂馨，字一山，浙江省宁海县海游镇（今属三门县）人。光绪三十年（1904）进士，曾任京师大学堂译学馆提调、监督，国史馆协修、纂修、功臣馆总纂，邮传部传习所监督等职，又曾

康熙政要卷一

實錄館纂修　國史館協修翰林院檢討臣章梫恭纂

論君道第一　凡四十一章

康熙六年。

聖祖躬親大政詔諭天下曰朕以冲齡嗣登大寶輔政臣索尼等。

皇考世祖章皇帝遺詔輔理政務殫心効力七年於茲今屢次奏

請朕承

太皇太后之命躬理萬幾惟

天地

任教于青岛孔德大学、上海仓圣明智大学等学校，是民国时期著名的学者、教育家和书法家。著有《一山诗存》十一卷、《一山文存》十二卷，译有《小学校教授学纲要》《小学校管理法纲要》，纂有《康熙政要》二十四卷等。章梫在清亡之后，寓居上海、青岛等地，谢绝仕途，闭门著书，以遗老自居，1917年积极参与张勋复辟，被授予学部左丞一职，1930年以七十岁高龄前往天津"朝觐"清废帝溥仪。由此可见他在政治上趋于保守。

《康熙政要》首先铅印出版于清宣统二年。书前有瞿鸿禨、徐世昌叙。章梫在目录后的识语中谈及编纂此书的缘由："臣梫少治儒书，好研帝学，观历代兴衰之故，考列朝因革之原，窃以为百王之治无有过我圣祖之盛者。圣祖仁如尧，俭如禹，文如舜，武如汤，好学如殷，宗敬胜如周考，而其治似因实创，其时似安实危。"因此，"尝欲用吴兢《贞观政要》，辑为《康熙政要》，蓄书未备，搜采斯穷。"自通籍之后，数易寒暑，方才编成《康熙政要》二十四卷，合四十二篇。书中所引用的材料都注明出处，据此可知他所参考的书，主要有《圣训》《东华录》《御制文集》《庭训格言》《先正事略》《皇清奏议》《碑传集》等。

《康熙政要》是章梫参考吴兢《贞观政要》而编纂的。《贞观政要》为十卷四十篇，经与《康熙政要》篇目比较，两书有二十八篇篇名一样，五篇篇名略有差异，《贞观政要》作：论仁义、论孝友、杜谗邪、论文史、论行幸，《康熙政要》相应地作：论宽仁、论孝治、杜奸邪、论经史文学、论巡幸；七篇为《贞观政要》所有：论封建、论太子诸王定分、论教戒太子诸王、论规谏太子、论仁侧、论悔过、论畋猎；九篇为《康熙政要》所有：论遵法祖制、论优礼大臣、论勤学、论教戒诸皇子贝勒、论恤勋旧、论尚廉、论理学、论舆地学、论历算学。可见章梫在参考《贞观政要》的时候，也根据康熙时期的实际情况在篇名上作了调整。

章梫编纂《康熙政要》的主要目的是总结康熙朝的历史经验以备参考。瞿鸿禨在叙里说得很明白："今天子冲龄嗣服，与圣祖时同，家法具在，岂待他求哉。"也就是希望宣统能够参考此书，重现康熙盛世。只可惜一年之后宣统退位、清朝覆亡。

一、批校本

捐赠的第一部书是宣统二年铅印本《康熙政要》，共计十二册，书中多有章梫先生的批校。书前粘贴有二纸，末署"癸酉秋日学部左丞臣章梫年七十有三又识"，详细说明了编纂《康熙政要》的经过，其中谈及批校的缘由："癸酉避兵天津，门下年世交周叔弢、志辅昆季家学深厚，博览群籍，服膺圣祖，推为汉以后第一圣主，乐为校正，备资付刻，因删去引书出处之注，加以按语而予之，前进呈之本无按语也。"癸酉为民国二十二年（1933）。"周叔弢、志辅昆季"指周叔弢、周明泰兄弟俩。周叔弢（1891—1984），原名暹，字叔弢，以字行，安徽建德（今安徽东至）人，著名政治家、实业家、收藏家，清末两广总督周馥长子周学海的三子；周明泰（1896—1994），字志辅，周馥四子周学熙的长子，是著名的戏曲研究专家，著有《元明乐府套数举略》《道咸以来梨园系年小录》《〈都门纪略〉中之戏曲史料》《清昇平署存档事例漫抄》《续剧说》《五十年来北平戏剧史材》《读曲类稿》《明本传奇杂录》《杨小楼评传》等。

从上述这一段话可知，章梫在已出版二十余年的《康熙政要》上施加批校，主要是因为当时周叔弢、周明泰兄弟准备出资重新刊刻此书。批校本的卷端有墨笔署"建德周叔弢校"字样，即说明此事基本确定了。只是最终没有刊刻行世，不知是何缘故。这次尽管没能出版，章梫对《康熙政要》的修改并没有就此停止，一直在断断续续地进行着。批校本中

寶錄館纂修國史館纂修翰林院檢討學部左丞臣章梫恭纂

諭君道第一 凡四十二章

康熙六年。

聖祖躬親大政詔諭天下曰。朕以沖齡嗣登大寶。輔政臣索尼等。

皇考世祖章皇帝遺詔輔理政務殫心効力。七年於茲。今屢次奏

請朕承。

太皇太后之命躬理萬幾惟。

康熙六年。

謹遵。

移前一行

頂格寫不空

以下均同

凡抬寫字

均於空二格

〔太皇太后之命躬理萬幾惟〕

粘贴有二张纸条，一张纸条上写着："此修正《康熙政要》底本，付刻时与两钞清本合校。戊寅冬，七十八叟检存自识。"戊寅为民国二十七年（1938）；另一张写着："共和二十九年庚辰秋九月，棪年八十，又校读一过，平生所撰各种皆可不存，独此编圣祖之言，不仅为治国者所取法，即士庶平民皆应取法，不可不存，棪识。"看来章棪十分推崇《康熙政要》，孜孜以求地进行校改，希望有朝一日此书能够再版重印，为人所用。

批校本上批校的主要内容，诚如章棪所言，"因删去引书出处之注，加以按语而予之"，主要是增补各条之下的按语。除此之外，还有对版式的调整、文字的校讹等等。有的批语提供了另外的信息，如书签上的批语："此签系王寿彭殿撰所书，将来即照覆刻，政字略偏于右，覆刻移正。"这条批语指出书签题字出清末状元王寿彭（1875—1929）之手。如仅据宣统二年铅印本则无从得知。

二、抄本

此本共十二册，为朱格钞本，字迹工整，偶有修改涂抹之处，当出章棪之手，据此亦可定为誊清稿本。这部抄本目录后章棪的识语撰写时间署"癸酉秋日，学部左丞章棪年七十有三又识"，其时为1933年。正文每卷后有"臣棪按"等按语，每条材料不注明出处。综合这几方面考察，这部抄本应该是依据批校本而抄录的。由于作者一直以来都在进行批校、修改，在此过程中曾经多次阶段性地对校改文本进行抄录，因而形成了至少两次类似的抄本，此为其中之一。由于在抄写过程中又有修改，抄本的内容与批校本的内容又并非完全一样，因而抄本又具有一定的版本价值。难怪章棪在批校本的纸条上说重新刊刻《康熙政要》时，不仅要依据批校本，还要"与两钞清本合校"。

天綱尋　身躋長春金大任榮言考陛長金鎧文

莭以進諱癸酉避兵天津門下年卅之周林銓家杉楠氏拝

要非鋪張其所美核唐臣吳兢書之增多失武功之

不備述具說之於前何清賦稅墾政刑事當時切之

廑念史藏紀載極富矣今以時勢變遷法洧世

異。累代實錄不書兵刑錢穀者竊所耶法如柳子有

說歷代帝皇之話諱多出於代言不必譚飾者聖

祖文字人之都解上如論語下如朱子天地成一

種正大純萬之文既非諸臣而解及更非諸臣所敢

言是編。僭製者十之九代言者十之三一讀者

自能知之嗚呼。聖矣嗚呼。仁矣琴盾秋日學

郡左延臣章授年七十有三又歲

元

禁垣敬謹綴集再易寒暑乃成康熙政要二十四卷合四十
二篇其事具本史威記載文集彌慎甄錄稗埒之說非政
雜厠吳兢書有封建一篇今昔異情無取傅會而今所增
遵法祖制優禮大臣勤學恤舊尙廉理學與地歷算諸篇
皆非唐宗之所有蓋我。
聖祖聖學之大德量之閎規模之遠實即萬年有道之治所由啓
而豈三代以下之君所可比肩而語哉顧。
聖猷宏烈鑠古震今館閣所儲何啻萬帙茲之所輯特其體耳吳
兢自序稱有國有家者克遵前軌擇善而從可久之業益
彰可大之功尤著區區之意庶幾同之宣統○年夏○

院榮慶公進呈 擬政王批知道了當繕轉時郭
侍講立劉敬節延琛極稱善陸文端潤庠謂
座進呈榮李院閣置一年爲奏進狗朱少保益
藩意也瞿文慎鴻禊巳回湖南徐太保時爲軍機
大臣爲作序壬子流寓上海○贈沈尙書曾植深以爲善。

三、康熙政要序

铅印本《康熙政要》前有瞿鸿禨、徐世昌叙。刚开始见到《〈康熙政要〉序》的书名时，第一反应是里面收录的是瞿鸿禨或徐世昌序的稿本。然而等到打开这一卷书时，方才发现实际远不止这一点。该卷书的内容包括五部分：一是瞿鸿禨书札，二是书写在"超览楼稿"朱格稿纸上的瞿鸿禨序，三至五分别是沈曾植、陈邦瑞、陈夔龙的序或题词。除第二部分与铅印本相差无几外，其他内容颇有价值。

瞿鸿禨书札。全文如下："一山仁弟馆史足下：新岁奉书，欣悉承明著作，清福多娱。编纂《康熙政要》一书尤为不朽盛业，于近事皆足资考镜而示率由，用意深远，极有关系。承属为序，何敢下笔，然往复读之，心有所会，辄成一篇，录就审正，未知无纰缪否也。《政要》校对已详，尚有讹字数处，当更改定。复此，即颂升祺。兄鸿禨顿首，二月既望。"瞿鸿禨（1850—1918），湖南善化（今湖南长沙）人，同治十年（1871）进士，系晚清重臣，曾任军机大臣、外务部尚书、协办大学士等。瞿鸿禨在信中说"《政要》校对已详"，可见当时《康熙政要》已经排印成书。又据章梫在目录后的识语署"宣统二年夏"等判断，瞿鸿禨书札的撰写时间当在宣统二年。

沈曾植序。该篇序文收录在《海日楼文集》中，作"章一山文集后序"。两篇序文的内容大部分相同，但是还存在不少差异之处，或增，或删，或修改。稿本序末署"宣统十一年四月长水沈曾植叙"，《海日楼文集》本署"长水寐叟识，时宣统己未九月"。两序虽然都是作于民国八年（1919），但是月份不同。这说明该篇序文在收入文集时，沈曾植又进行了修改。

陈邦瑞序。全文如下："从来国家之盛衰皆有由致，知盛之所以盛，即可知衰之所以衰。一山之编纂《康熙政要》，用意固深且远。文慎卒

一山仁弟館丈足下　新歲

書臨末

康熙政要一書尤為不朽盛業

承明著作清福多娛編纂

就近事皆足資考鏡而卒由

用意深遠極有閱歷亦

屬為序何敢下筆然往復讀之

心有所會輒成一篇錄就

審正未知亮否也政容

校對已詳而有訛字數字當更

政定匯此呈教

卜祺　元亨敬　甲

一山民史

会其意而序之，亦可见忠爱之忱有所感而不能自已也。呜呼！天道无往而不复，后之视今亦犹今之视昔，则此编之流传，有不与《贞观政要》并重也哉！至一山之节气文章，沈叙已兼言及之矣。此吾侪所共知，无俟余一人之私言也。虽然文章固千古事，而晚节末路之难，昔人所惧，我愿与一山共勉之。壬戌秋日，陈邦瑞书于沪寓。"钤"瑶圃"印。"壬戌"为民国十一年（1922）。陈邦瑞，生于咸丰五年（1855），字辑侯，号瑶圃，浙江慈溪人，光绪二年进士，曾任刑部郎中、户部左侍郎、吏

君哲辟治道休明者周成康漢文景而
外莫不稱唐之太宗宋之仁宗而貞觀
之治為尤盛然權謀功利之習猶不免
雜出乎其间方諸三代其不遠甚遠况
於堯舜若我
聖祖仁皇帝則诚堯舜之君也其心堯
舜之心其政堯舜之政劬德等百世之

賜進士出身前軍機大臣協辦大學士外務部尚書臣瞿鴻禨謹序

翰林檢討臣章梫倣吳兢貞觀政要體

例恭纂康熙政要既成以示臣瞿鴻禨

臣鴻禨受而讀之謹拜手稽首颺言曰

自古君道之隆莫如堯舜雖以禹湯文

武之聖而不能比監唐虞非徒世運升

降然也自時厥後遞嬗且二千年其賢

余嘗稱為三十年来著述
家第一為用書閣共成於
我不發而我言言此已東軽
同我義辭言之満雲久之
二十季莉土大夫於中興盛
筆挹心逵談堂之體唐宗而
止陶官深物達宗學故多為
各為挹持稱道以視沉積
而無邝逕藉華等漢為
為宜京而無以来之二十
羊来物博蓬子異氣察
之則固以眺替四皇兪卷

室之藏蘭盭金馬之秘
凡所說覽多有前輩
而末見至若者日所来聞者
歎憤嘯歌吐氣羲虹寬
心未嘗為往為不復之者
至評一山文又以為托裒
世文也之直不搭窮一
山韛巖達武蒸郭宣王
圣昔跋也於今拭同侯之
室统十一年四月長水沈
曹植叙

部左侍郎、度支部右侍郎等职。

陈夔龙题词。全文如下："我生之后厄阳九，倏忽白衣幻苍狗。道揆驰尽彝伦亡，莽莽中原豺虎吼。圣清二百七十年，二祖七宗皆仁贤。同光已是太平世，何况郅隆雍乾前。太史东观读书早，一朝典制富搜讨。才识突过唐吴兢，政要贞观奚足道。目想神游斗室中，如见开国之仁风。侧身衰白今何世，鹓鹑一醉天梦梦。壬戌长至后三日，一山仲太史正句。陈夔龙敬题。"钤"臣夔龙印"。陈夔龙（1857—1948），字小石，号庸庵，贵州贵筑（今贵阳）人，光绪十二年进士，官至直隶总督兼北洋大臣，民国后隐居上海。陈夔龙在题词中充分体现了他对清代的怀念与推崇，对民国的失望与抵制。

上述作序之人有一个共同的特点，那就是都为清朝遗老，章梫与沈曾植、陈夔龙又都寓居上海，往来密切。沈曾植、陈兆瑞、陈夔龙等人的序和题词已在民国之时，可见章梫对此书的重视。

近年《康熙政要》多次被整理出版，1994 年中央党校出版社出版了褚家伟等人的校注本，2012 年中州古籍出版社出版了曹铁的注译本。遗憾的是，前者仅说"参照了民国间手抄本"，后者则提及"《康熙政要》抄稿一部及沈曾植诸名家手书题跋一卷，捐赠北京图书馆"，都没有很好地利用上述三部书。《康熙政要》再版之时，如果能够参考批校本、抄本的内容进行整理，并收录书札、沈曾植等人序或题词，不仅可以更全面地体现章梫的研究成果，也会使该书更加完备。

附录一

徐世昌书"澂观堂"匾

古籍馆库房中保存着一块木匾，上书"澂观堂"三字，落款为"水竹邨人"，镌刻"徐印世昌"阴文方印、"鞠人"阳文方印。徐世昌（1855—1939），字卜五，号菊人（亦作鞠人），晚号水竹邨人，河南卫辉人。光绪十二年（1886）进士，曾于1918—1922年间出任民国总统，辞任后隐居天津，潜心著述，主持编纂有《晚晴簃诗汇》《清儒学案》等。澂观堂曾是松坡图书馆馆址所在地，不过其匾额是由徐世昌书写的，之前确实没有听说过。

澂观堂的"澂观"二字源于《宋书》。该书卷93《宗炳传》中记载宗炳喜欢游山玩水，不幸生病，只能返回江陵，他感叹道："老疾俱至，名山恐难遍睹，唯当澂怀观道，卧以游之。"澂观堂位于北海公园北部阐福寺的东侧，明代为普通值房，清代是皇帝祭佛时休息之所。乾隆时扩建为三进院，澂观堂、浴兰轩和快雪堂分别是三进院的正堂。

　　1916年11月8日，护国名将蔡锷（字松坡）病逝于日本福冈。12月5日，梁启超等人在上海倡办松坡图书馆。2018年出版的《梁启超全集》里收录了一通1917年前后梁启超致徐世昌的书札，先生在信中详细阐述了设立松坡图书馆的想法，包括馆舍地点、开馆款项、藏书来源等，而且还寄去认捐愿书250号，希望徐世昌能够提倡、赞助。据此推测，徐世昌在筹办松坡图书馆时出力不少。不过后来因事故多变，集资不易，梁启超仅在上海成立松社。

　　1923年，梁启超上书时任总统黎元洪，重提创设松坡图书馆事。6月，黎元洪下令拨北海公园快雪堂为松坡图书馆馆址。11月4日，松坡图书馆正式成立。松坡图书馆成立之初，分为二个馆舍：第一馆位于北海快雪堂，专藏中文图书，1925年10月开馆；第二馆位于石虎胡同七号，专藏外文图书，1924年6月开馆。后因经费问题，出售石虎胡同房产，合并为一个馆舍。快雪堂馆舍中，潋观堂、浴兰轩所在第一、二进院为阅览室，快雪堂所在第三进院设有蔡公祠。以徐世昌的地位、书法水平以及前期贡献，梁启超请徐世昌书写"潋观堂"匾额自是情理之中的事。匾额的具体书写时间，可能是在1923年松坡图书馆成立之时，或者1925年正式开馆之时。遗憾的是，遍查《徐世昌日记》，也没有找到相关的记载。

松坡图书馆对于弘扬松坡精神、丰富北京市民文化生活无疑发挥了重要的作用。因为战乱和经费问题，图书馆难以为继。1947年3月，北平图书馆与松坡图书馆签订合作办法，由北平图书馆将部分中文复本书寄存于松坡图书馆，供读者阅览。1949年，经原发起人商议，将松坡图书馆献给政府，由北平图书馆接管。北平图书馆在此基础上成立快雪堂分馆，9月1日对外开放。20世纪80年代，北京图书馆将快雪堂等处交还北海公园，松坡图书馆就此结束。

"潋观堂"匾额曾一度废弃在文津街院子里，后来才收集到库房中妥善保存起来。虽然匾额在经历时间的洗礼后略有缺损，但是它见证了松坡图书馆的历史，也是国家图书馆一百多年历史的实物遗存。

附录二

文津街馆区文物漫谈

　　国家图书馆文津街馆区内保存有部分圆明园的文物，主要是1931年文津楼落成之日当时的北平市政府所赠。我馆已故的徐自强、王铭珍二位先生分别撰有文章对此加以介绍。不过对于这些文物的入藏经过，往往语焉不详。现选取其中部分文物，依据北京市档案馆所藏有关档案，对其入藏经过进行简要叙述。

临街石狮

　　临近文津街、正中大门的左右两端，伫立着一对石狮。这对石狮系圆明园旧物，原先位于圆明园长春园东门。长春园在圆明园的东部，占地面积70余公顷，乾隆十六年（1751）其中式园林基本建成，中期后开始于其北部修建西洋楼。

　　国家图书馆的前身是1909年筹备设立的京师图书馆。由于清政府

身处风雨飘摇之中，图书馆筹备工作迁延日久。直至 1912 年方才开馆服务。嗣后政局动荡，经费捉襟见肘，馆舍居无定所。1925 年，中华教育文化基金董事会与教育部协商订约，决定合办"国立京师图书馆"，拟选北海以西之御马圈另建馆舍，各自承担部分开办经费。由于教育部不能遵守契约，于是中华教育文化基金会另外创设了北京图书馆（后改名为北海图书馆）。1929 年，北海图书馆与国立北平图书馆（京师图书馆改称）合并，组建成新的国立北平图书馆。

1929 年 5 月 11 日，国立北平图书馆新馆舍奠基开建。新馆舍的建筑外观采用华丽的中国传统宫殿式结构，外墙颜色借鉴了故宫文渊阁的绿色，古色古香，十分精美。按照中国传统建筑的要求，其大门应摆放一对石狮子。从哪儿找呢？当时北平图书馆想起了圆明园。

圆明园是清代著名的皇家园林，历经康熙、雍正、乾隆三朝修建，是我国古代园林的集大成之作。先毁于第二次鸦片战争的英法联军，再毁于庚子之变的八国联军。入民国后，圆明园属清室私产，其事务划归颐和园管理。民国初年，园内的砖石遗物等遭到了达官贵人的巧取豪夺、盗贼的偷盗等。1928 年 10 月，北平市政府组建了"清理圆明园园产事务所"，之后又核准了圆明园残废砖石变价批卖办法。

1930 年 5 月 7 日，北平图书馆致函管理颐和园事务所，请求捐赠圆明园东宫门外石狮子一对。颐和园事务所复函，同意捐赠，但是因为经费紧张，希望能够支付一千元，作为补助工程款。5 月 30 日，北平市政府训令颐和园事务所，以市政府捐赠的名义拨交石狮一对给北京图书馆，补助款减为五百元。6 月 10 日，北平图书馆致函颐和园事务所，拟委托永寿号商人罗德溥代运该对石狮。在石狮运输过程中还出现一段小插曲：6 月 12 日，罗德溥雇佣一辆 12 匹骡子的大车运输石狮，由于石狮实在太重了（共计一万四千余斤），压坏了西直门至海淀之间 22 里的马路。大车被北京工务局下属第一区的警察扣留下来。图书馆紧急致函工务局，进行说明、疏通。6 月 14 日，工务局饬令第一区放行，准以起运。

经此遭遇，后来北平图书馆在运输其他物件时，都会提前致函工务局，告知运输物品以及路线，请求沿途路警给予关照。

院内华表

华表又称望柱，是我国古代的重要建筑形式，主要属于宫殿、陵墓等大型建筑的装饰之用。华表多由须弥座柱基、柱身和承露盘三部分组成。最为人们熟知的华表是天安门前的那对华表。文津街馆区内也有一对华表，它与北京大学西门的那对华表同为圆明园安佑宫之物。

1921 年，燕京大学购得北京西郊前清亲王的庄园，聘请美国建筑师亨利·墨菲加以设计规划。新规划的建筑也是中国传统的宫殿形式。1924 年冬，京师步军统领裁撤四郊警察，趁此离乱之机，正在修建校舍的燕京大学私自运走了圆明园安佑宫前的三根华表。1925 年 5 月 1 日，京师警察厅在圆明园设立派出所，专司监察之责。当时燕京大学又想运走剩余的那根华表，被派出所制止。嗣后市政公所特派人员将此华表运至天安门道上。燕京大学多次托人表示愿意购买圆明园的这两对华表以及石狮等，都被警察厅和市政公所拒绝。"清理圆明园园产事务所"成立后，燕京大学又与之商谈购买华表事宜。经北平市政府讨论，确认已在燕京大学的华表仍交由该校妥为保存，天安门前的拟搬迁至中山公园中保存。1929 年 3 月，燕京大学校长司徒雷登再次致函北京市政府，希望能够将天安门的那根华表运走，"以废物化有用，破坏变建设"。在公函中，司徒雷登只字未提出资购买之事。当时的北平市市长何其巩指示清理圆明园园产事务所查明燕京大学以及京师警察厅移运华表的详细情形再行定夺。清理圆明园园产事务所在呈文中详细说明了这两项华表运离圆明园的经过，并且认为："惟近查该项石柱经燕京大学移去之三根并石座三具，现尚抛置校内，既未竖立，亦未加修饰，是否诚心爱护，抑别有用途，实不敢臆断。"因此，燕京大学申请移运剩余华表一事后来又搁置下来。

北平图书馆得到市政府所赠圆明园石狮之后，因为建筑装饰的需要，希望再行挑选其他石料。北平市政府指示管理颐和园事务所，同意该馆挑选石料，援引前例，再行赠与，并酌定最低价格补助工程款。1930年6月，北平图书馆初步选择了福海石碑、文源阁石碑等在内的石料多件。1931年4月27日，北平图书馆在给工务局关于"敝馆起运石狮石柱等件特列物品及路线清单各一纸请转令沿途路警随时照料"的公文中提到："敝馆前承北平市政府及燕京大学先后惠赠圆明园等处石狮、石柱旧石料多件，兹开列物品清单及路线单各一纸，拟请贵局查照"，物品清单中，由颐和园事务所起运石料包括：石狮子座二件、太湖石带座一件、福海石碑一件、文源阁石碑一件，从燕京大学起运石料包括：石柱一件、石盘二件、石云头四件。说明在此之前，北平图书馆已经和北京市政府和燕京大学协调好，获赠这一对华表。在燕京大学的这一根，随圆明园其他石料运至平馆。

5月8日，北平图书馆在给工务局的公函中提到："敝馆前以天安门前由公安街通省党部街东西马路之前存有圆明园安佑宫雕花望柱一件、盘座二个，函请北平市政府赠给敝馆，用资点缀等因，去后兹准北平市政府第四六二号函，复以事关保存古物，自可照办……查该项望柱、盘座既承市政府赠给敝馆，拟即日委托商人苏广利包运，拟定经过路线，运至三座门新馆安置。"运输路线为："由司法部街，走双沟沿，绒线胡同，转北新华街，穿长安街，进灰厂豁子，走府右街至新馆。"此时距离新馆开馆 6 月 25 日仅余一个多月。

楼前石狮

除了临街的一对石狮外，文津楼前还伫立着一对石狮，威武之势两者不相上下。关于这对石狮的来源，众说纷纭，有购自七爷府、九爷府、圆明园等诸种说法。其实皆不对。这对石狮购自五爷府。

北京市档案馆藏有一份 1931 年 4 月 20 日国立北平图书馆给北平市工务局的公函，就起运石狮事商请工务局转令沿途路警予以照料。公函的内容如下："迳启者，鄙馆购定五爷府石狮一对，现在启运来馆，相

应开列路线清单，函请贵局查照，转令沿途路警随时特予照料。至切公谊。此致北平市工务局。附路线清单。国立北平图书馆启。四月二十日。"路线单为："由五爷府启运，走朝阳门大街、猪市大街、弓弦胡同、汉花园、马神庙、景山东大街、后门厂桥、养蜂夹道。"

"五爷府"指惇勤亲王府。惇勤亲王奕誴为道光第五子，道光二十六年（1846）奉旨过继给惇恪亲王为嗣，承袭惇郡王，咸丰十年（1860）晋封亲王，光绪十五年（1889）病逝。惇勤亲王府在朝阳门内大街的烧酒胡同，其前身是康熙第五子允祺恒亲王府邸。据冯其利先生《寻访京城清王府》一书考证，惇勤亲王府门前有一对石狮，其西阿斯门西南有一段斜街直通朝阳门大街。北平图书馆搬运石狮的时候可能即是从此门而去。

奕誴诸子载濂、载漪等人在义和团运动时主张支持拳民、反对外国势力。辛丑条约之后，载濂、载漪受到削爵、戍边等惩罚，自此家道开始衰败。民国时期，后人开始售卖府第。王府前的这对石狮也未能保留，售归北平图书馆。

钱玄同书《国立北平图书馆记》

1931 年 6 月位于文津街的北平图书馆（国家图书馆前身）新址主体建筑落成。这不仅是北平图书馆历史上的大事，也是当时图书馆界、甚至文化界的大事。按照传统，必须撰文以记、勒石以铭。这篇《国立北平图书馆记》（以下简称《平馆记》）当然得以时任馆长蔡元培的名义撰写。而《平馆记》的书写者则是钱玄同。

钱玄同是一位大家知道但是并不熟悉的人物。他生于 1887 年，卒于 1939 年；原名夏，后改名玄同，浙江吴兴（今属湖州）人。钱玄同是新文化运动时期著名的教育学家、文字学家。他倡导文字改革，潜心文字学研究，现在我们使用的简化字、汉语拼音方案等都与他有着密不可分的关系。他的父亲钱振常是同治十年（1871）进士，曾官礼部主事，后辞官投身教育事业，长年担任江、浙等地书院的山长；同父异母的兄长钱恂，是晚清著名外交家，曾出使荷兰、意大利；儿子钱三强，是"两

弹一星"的元勋；侄子钱仲联乃古典文学研究的大师级人物。钱氏家族真是人才辈出。

因为研究文字学的缘故，钱玄同的书法成就颇高，篆、隶、楷、草诸体皆精通，特别是他的楷书，借鉴魏碑、晋唐写经体，古朴厚重之中不乏灵动秀气。他的老师章太炎的《小学答问》《新出三体石经考》二书曾经钱玄同手写抄录先后刊印出版。张中行评价钱玄同的书法道："说起字，钱先生继承邓石如以来的传统，用北碑的笔意写行草，飘洒流利；有时工整，用隶笔而更像北朝的写经，功力都很深。"同为文字学家的黎锦熙认为"钱先生的书法，艺术独优"，不过"向他求书，亦易得，亦不易得，看他精神兴致如何；他写字是不喜欢人家旁观的"。

钱玄同答应书写《平馆记》，或许是受徐森玉之托。徐森玉（1881—1971），与钱玄同是老乡，都是吴兴人，时任北平图书馆采访部主任兼善本金石部主任。

钱玄同在他的日记中详细记载了书写《平馆记》的经过，十分难得。1931 年 6 月 12 日记到：

> 午后二时至琉璃厂购笔墨等。五—八时为圕（图书馆）写碑，上大下小，甚不惬意，拟告森玉重写之（实系写时屡有人来看看，使我心不安之故）。

这一次由于屡次有人观看，所以写得并不满意。前面黎锦熙说他写字不喜欢人看，看来是非常熟悉钱玄同而得出的总结。钱玄同拟重新书写。不过这一搁就是两年以后了。1933 年 6 月 20 日载：

> 下午在某海写蔡撰《北平圕（图书馆）记》。此文系两年

前即应写成刻成者,那时在孔德写,被沈麟伯所扰乱,写得太坏,说明重写。不意一搁便是两年,今日拟赶成之。但因精力不济,未能写完,明日上午续写可毕。两年前所写被江阴某氏要去,其字亦略有某氏之嫌疑,此次所写全不相像矣。

第二天方才写完:

晴。上午至中海,写完某记。

钱玄同书写的《平馆记》镌刻在乾隆"谕习国语骑射碑"的背阴,现矗立在文津楼东面的小花园中,与文源阁碑并排而立。根据钱玄同的日记,《平馆记》写成于 1933 年 6 月,那么它的镌刻时间也应在此之后,其时北平图书馆已开馆二年了。

附录四

瓦当屏风说略

　　古籍馆贵宾室摆放着一座巨型木制雕花瓦当屏风。每次接待的客人，都会仔细端详这座屏风，啧啧称奇，感叹设计的精妙和瓦当的精美。根据馆史资料的记载，这座瓦当屏风是爱国民主人士何遂先生捐赠的。

　　何遂（1888—1968），字叙甫，福建侯官（今福州市）人，早年从军反清，后加入同盟会，第一次世界大战期间派往欧洲观战，护法运动时担任靖闽军司令，"九一八"事变后，参与组建"辽吉黑抗日义勇军民众后援会"，支持东北义勇军抗日，抗战时期曾任国民政府立法院军事委员会委员长等职，支持统一战线，与共产党高层多有来往，1949年后，任华东军政委员会委员、政法委副部长、司法部部长，先后当选为第一、二、三届全国人大代表。何遂先生喜欢诗词书画，致力于收藏甲骨、瓦当等考古文物，并进行相关研究，著有《绘园画册》《叙圃词》《叙圃甲骨释略》《绘园藏瓦》等。

　　1931、1932年，先生先后两次将自己收藏的瓦当、墓志、陶器、玉器、甲骨、铜器、石刻、木雕、拓本、书画等古物寄存北平图书馆。1934年春，何先生致函图书馆，拟将此前寄存的绝大部分古物捐赠给图书馆，作为其母亲古稀之寿的纪念。同年5月2日，北平图书馆举办"闽县何氏赠品展览会"，集中展示了先生所捐之物，并编辑出版了《闽县何氏赠品展览会目录》。根据目录所载，赠品种类多样，数量庞大，其中有玉器类5件、甲骨类120号、铜器类308件（内含镜鉴134件）、石刻类7件、陶器类1263件（内含瓦当1236件）、木雕类5座、瓷器类9件、乐浪遗物 12 件、拓片类 91 件。另外，目录还记载了拟寄存的先生手订金石书 11 种以及名人书画 2 件。

这座瓦当屏风应该就是 1934 年捐赠的，因为这一年何先生卖掉了北京的住房，举家迁居南京。瓦当屏风共 10 扇，每扇上面镶嵌着 6 块圆形瓦当，计有 60 块。瓦当上的纹饰包括植物纹、动物纹和文字。瓦当文字有"亿年无疆""长乐未央""千秋万岁""汉并天下""石室朝神宫"等。从文字来看，应该都属于汉代瓦当。

何遂先生始终热心国家的社会文化事业，多次向国家捐赠文物。据《何遂遗踪》记载，1950 年先生将寄存在上海博物馆的 7330 件私人文物捐赠给上海市，先生化私为公的举措，受到了中央文化部的褒奖；同年将南京寓所的碑帖等文物再次捐赠上海市，并将寓所房产捐赠当地办小学；1955 年迁居北京后，又将家中仅存的文物悉数捐赠给故宫博物院。

2019 年是国家图书馆建馆一百一十周年。经过一百多年的积累，国家图书馆拥有了三千多万册件的宏富馆藏。这其中离不开许许多多像何遂先生那样的热心人士，正是他们的无私捐赠，方才构筑了国家图书馆这座知识宝库。

后　记

2000 年 7 月，笔者从北京师范大学历史系硕士毕业之后，进入国家图书馆，一直在文津街馆区工作，主要从事古籍的采访、编目、整理、研究和管理工作，到今年正好二十年。在这个特别的年份里出版这部《文津书话》，算是二十周年的纪念之作。

这部书里收录的 19 篇小文章，主要是近五年所撰写的。除了《西谛写刻本〈西谛所藏善本戏曲目录〉》《民国粘贴本〈清代名刺汇订〉》《清光绪伪书〈非想非想非非想〉》三篇曾在自己的微信公众号"石渠书话"、《明万历九年刻本〈古今廉鉴〉》在《国家图书馆通讯》发表之外，其余的都是首次正式出版。而已发表的这四篇文章，收录本书的时候也做了一定的修改。19 篇文章的编排，主要以所谈古籍的版本先后为序；涉及的古籍，大部分为普通古籍，小部分为善本古籍。书末附录的四篇小文，都与文津街馆区的文物有关系，曾经刊载在《国家图书馆通讯》或《文津流觞》上，现一并收录进来，希望有助于读者了解文津街馆区的历史。

因为工作及个人研究的原因，近些年笔者经常阅读郑振铎、周作人的文章，深深为他们的书话之作所吸引。于是，邯郸学步，开始尝试撰写书话之类的文章，我想这也是作为图书馆古籍工作者的职责所在。只是限于笔者的水平，书话之作往往摆脱不了学术论文的痕迹，文笔难说流畅，时不时还暴露出自己热衷考证的喜好，离唐弢先生所说的"书话的散文因素需要包括一点事实，一点掌故，一点观点，一点抒情的气息"相差甚远。尽管如此，笔者还是不揣谫陋，将这些文章呈现给读者，希望大家能够给予批评指正。如果大家通过阅读本书有所收获，或者产生进一步研究书话中所提及古籍的冲动，那么笔者撰写文章的目的也就达到了。

二十年光阴犹如白驹过隙，倏忽而逝。感恩有机会天天与百万册古籍相厮守，摩挲着书架上一部部古籍，对传统文化的敬意油然而生；感谢古籍馆这个大家庭，大家团结一致，共同为古籍保护与传承事业不懈努力；感谢国家图书馆出版社的大力支持，让这本小书得以面世。

限于学识，书中难免存在错讹之处，欢迎读者不吝赐教。

谢冬荣

2020 年 7 月

相关系列图书

《书魂寻踪》/ 韦力撰

《文津识小录》/ 谢冬荣编著

《嘉树堂序跋录》/ 陈郁著

《守藏集》/ 刘波、林世田著

《知堂古籍藏书题记》/ 周作人撰，谢冬荣整理（即将出版）

《妙无余——中国藏书印的历史与文化》/ 王玥琳编著（即将出版）